한발 앞선 투자를 위한
가상화폐
투자전략 리포트

비트코인캐시 비트코인골드 라이트코인
대시 에이다 골렘 아인슈타이늄 바이텀

Published by HANSMEDIA Printed in Korea
Copyright © 블록체인미디어(주) & HANSMEDIA

이 책에서 사용된 모든 자료의 저작권은
블록체인미디어(주)와 한즈미디어(주)에 있습니다.
저작권법에 의해 한국 내에서 보호를 받는 저작물이므로
무단전재와 무단복제를 금합니다.

한발 앞선 투자를 위한
가상화폐 투자전략 리포트

**비트코인캐시 · 비트코인골드 · 라이트코인
대시 · 에이다 · 골렘 · 아인슈타이늄 · 바이텀**

• 비트데이즈 고신용, 손동균 지음 •

프롤로그

투기가 아닌 현명한 투자를 위한,
똑똑하고 올바른 프리미엄 투자 분석·전략 보고서

블록체인 기사를 쓰기 위해 돌아다니다 보면 하루에도 수십 번씩 "무슨 코인을 사야 돈을 버나요?"라는 이야기를 듣습니다. 물론 농담으로 이야기하는 분들이 대부분이지만, 때로는 진지하게 물어보실 때가 있어 난감한 웃음을 짓게 만듭니다.

세계 최초 암호화폐인 '비트코인'이 등장한 지 어느덧 9년이 지났습니다. 피자 2판의 가격으로 10,000개를 지불했던 비트코인은, 이제 달랑 1개로 피자를 수백 판을 살 수 있습니다. 뿐만 아니라 이제는 1,000개 넘는 각종 암호화폐 코인들이 자신들의 가치를 뽐내고 있습니다. 그리고 전 세계 많은 사람이 코인의 가치를 보고 돈을 투자하고 있습니다. 가치가 오르면 수익을 내고, 내려가면 자산을 잃게 되겠죠.

자, 그럼 여기서 질문을 해보겠습니다. 암호화폐 코인에 투자하시거나 하려는 분들은 해당 코인 정보를 얼마나 알고 계시나요? 누가 처음 개발했을까요? 어떤 목표를 가지고 있죠? 앞으로의 계획은요? 채굴 방식은 무엇인가요? 아마 대부분 제대로 대답하기 어려울 것입니다.

이처럼 정작 투자하는 코인에 대해 잘 모른 채 "돈이 된다"는 소문에 휩쓸려 투자하는 사람들이 많습니다. 심지어 이런 암호화폐 열풍에 힘입어 제대로 된 정보가 없는 코인마저 투자의 대상이 되고 있습니다.

그리고 그 피해는 고스란히 투자자들에게 쏟아지고 있습니다.

21세기는 정보가 곧 힘인 시대입니다. 암호화폐 투자를 제대로 하기 위해서는 코인 정보를 제대로 아는 것이 가장 중요합니다. '영어라서', '자료 찾기가 힘들어서', '너무 복잡해서' 등 여러 이유로 코인 정보를 알기 어려운 분들을 위해, 코인의 각종 정보를 분석한《암호화폐 분석 보고서》를 제작했습니다. 그리고 2018년 2월, 한스미디어와 함께 국내 최초로《가상화폐 투자 전략 리포트》를 선보이게 됐습니다.

유명 코인부터 신규 관심 코인까지

'비트코인캐시Bitcoin Cash'와 '비트코인골드Bitcoin Gold'는 비트코인에서 파생된 알트코인(비트코인 이외의 암호화폐를 칭하는 말) 중 가장 유명한 암호화폐입니다. 이들은 비트코인과 같으면서 다른 정보를 지녔기에 섣부른 투자는 위험합니다.

'라이트코인Litecoin(이하 LTC)'과 '대시Dash'는 나온 지 오래된 코인이면서도 시가총액이 20위권 내에 꾸준히 유지되고 있습니다. 최근에 다양한 기술 호재로 가격 변동이 계속되고 있으므로 어떤 상황인지 명확히 알아야 합니다.

'에이다^{ADA}'와 '골렘^{Golem}', '아인슈타이늄^{Einsteinium}', '바이텀^{Bytom}' 코인들은 비록 개발이 완료되지는 않았으나, 현재까지의 결과물과 개발 계획을 통한 기대감으로 많은 투자자의 관심을 받고 있기에 분석을 진행했습니다.

이번 시리즈에서 등장한 코인 외에도 앞으로 더 많은 암호화폐 분석 보고서를 선보이려고 합니다. 이를 통해 많은 투자자가 안전한 코인 투자를 할 수 있기를 기대합니다.

블록체인 미디어 〈비트데이즈〉 편집장

고신용

일러두기

- '가상화폐'와 '암호화폐'의 용어 사용: 비트코인, 이더리움 등은 일반적으로 '가상화폐'라고 불리지만 '암호화폐'(CryptoCurrency)가 좀 더 정확한 용어입니다. 이 책에서는 본래 의미에 충실하도록 '암호화폐'로 설명했습니다.
- 각주와 참고문헌: 본문의 뜻을 보완하는 각주는 '1'과 같이 일반적인 숫자로 표기하여 본문 하단에 편집했고, 출처 표기는 '[1]'과 같이 대괄호 숫자로 표기하여 책 후미에 미주로 편집했습니다.

Contents

프롤로그 _ 투기가 아닌 현명한 투자를 위한, 똑똑하고 올바른 프리미엄 투자 분석·전략 보고서   004

01 비트코인캐시

소개	015
분석	016
비트코인의 이름을 빌려오다	016
비트코인의 성능 개선	017
코인 지급	017
기본 정보	018
개발진 및 경영진	018
마이닝 풀 운영	019
개발 활성 정보 분석(깃허브)	019
분석	020
거래소	020
주요 가격 변화	021
초반의 하락	021
8월 17일~21일	022
11월 11일 이후	023
분석 ①	023
분석 ②	024
비트코인캐시의 자금 조달	024
ICO/프리마이닝은 없었다	024
개발 자금의 출처	025
채굴	026
현재 채산성	026
마이닝 풀	027
블록 리워드 및 통화 공급량	027
BTC와 BCH 해시레이트 이동	029
해시레이트와 난이도	031
구글 트렌드 변화	032

02 비트코인골드

소개	037
비트코인골드의 등장	037
목표는 해시의 분산화	038
분석	039
코인 지급	040
기본 정보	041
개발진 및 경영진	041
분석 ①	042
개발 활성 정보 분석(깃허브)	042
분석 ②	043
거래소	044
주요 가격 변화	045
초반의 하락	045
정식 서비스 개시	046
분석	047
거래소 상장 및 입출금	047
비트코인골드의 자금 조달	048
프리마이닝	048
채굴 수수료 의혹	049
채굴	049
현재 채산성	049
마이닝 풀	050
블록 리워드 및 통화 공급량	050
해시레이트와 난이도	051
구글 트렌드 변화	052

03 라이트코인

소개   057
알트코인의 단점을 개선한 라이트코인   057
오랜 역사를 가진 코인   059
기본 정보   060
개발진 및 경영진   060
라이트코인 트위터 근황   061
분석 ①   062
개발 활성 정보 분석(깃허브)   062
분석 ②   063
거래소   064
주요 가격 변화   065
2013년   065
2015년   065
2017년 상반기   066
2017년 하반기   066
라이트코인의 자금 조달   070
기부와 상품 판매   070
분석   070
채굴   071
현재 채산성   071
마이닝 풀   071
블록 리워드 및 통화 공급량   072
해시레이트와 난이도   073
구글 트렌드 변화   074

04 대시

소개   079
익명성   079
마스터노드   080
빠른 전송 속도   083
대시와 다른 결제 서비스의 초당 처리량 비교   084
앞으로의 개발 일정   085
개발 활성 정보 분석(깃허브)   086
기본 정보   086
개발진 및 경영진   087
거래소   087
주요 가격 변화   088
초반의 순조로운 상승: 런칭~2014년 5월 22일   088
다크웹에 대한 불안감: 2014년 5월 이후   088
다크코인에서 대시로 이름 변경: 2015년 3월   090
완만한 상승세: 2016년   090
대시의 지속적 상승: 2017년   091
찰리 슈렘과 앤트마이너의 등장   091
채굴   094
현재 채산성   094
마이닝 풀   095
대시의 공급   095
블록 리워드 및 통화 공급량   096
해시레이트와 난이도   097
구글 트렌드 변화   098

05 에이다

소개	103
하스켈 언어로 개발되는 카르다노	104
개발 과정에서 드물게 사용되는 하스켈	104
완성도 높은 '지분증명' 방식: 우로보로스	106
개발 일정	107
분석	107
크라우드 펀딩	108
기본 정보	109
개발진 및 경영진	109
박사급 개발진	110
IOHK	111
분석 ①	112
개발 활성 정보 분석(깃허브)	112
분석 ②	113
거래소	113
주요 가격 변화	114
초반의 횡보: 2017년 10월 1일~11월 24일	114
가격 급상승기: 2017년 11월 25일~12월 10일	114
분석	116
에이다 코인의 자금 조달	116
프리마이닝	116
분석	117
ICO의 비중	117
에이다의 통화 공급량	118
구글 트렌드 변화	119

06 골렘

소개	123
개발 활성 정보 분석(깃허브)	125
크라우드 펀딩	126
기본 정보	128
개발진 및 경영진	128
골렘 프로젝트와 아이맵	129
파트너 사	129
골렘 프로젝트의 자금 조달과 배분	130
ICO와 프리마이닝	130
투자 금액 배분	131
이더리움 vs 골렘: 가격 변화	132
골렘 프로젝트와 경쟁 프로젝트	133
골렘 프로젝트 개발 일정	133
4단계의 골렘 프로젝트	134
경쟁 프로젝트	135
거래소	137
주요 가격 변화	138
안정적인 성장: 2016년 11월 13일~	138
1차 상승기: 2017년 6월 19일 전후	138
2차 상승기: 2017년 9월 6일 전후	139
구글 트렌드 변화	140

07 아인슈타이늄

소개	145
웜홀 이벤트	145
하드포크 및 개발 소식	146
최근까지 진행된 기부 내용	148
분석	149
기부의 종류	149
기본 정보	149
개발진 및 경영진	150
개발 활성 정보 분석(깃허브)	150
거래소	151
로드맵	152
주요 가격 변화	152
분석	153
웜홀 이벤트와 가격 변화	154
EMC2 재단의 자금 조달	155
채굴	155
현재 채산성	155
마이닝 풀	156
블록 리워드 및 통화 공급량	156
해시레이트와 난이도	157
분석	157
구글 트렌드 변화	159

08 바이텀

소개	163
앞으로의 개발 계획	164
기본 정보	165
개발진 및 경영진	165
분석	166
8BTC.COM	166
개발 활성 정보 분석(깃허브)	166
ICO의 성공과 갑작스러운 정부 규제	167
ICO 진행 일정	167
ICO 환불 조치	167
분석 ①	168
ICO 투자자의 손익	169
ICO에 대한 바이텀 측의 손익	170
분석 ②	170
거래소	171
주요 가격 변화	171
초기의 가격 변동	171
미국 법적 규제 가능성 하락	172
비트코인갓 에어드롭 발표	173
분석	175
코인 발행	175
프리마이닝 비중 30~60%	175
채굴	176
구글 트렌드 변화	177
미주	180

01 비트코인캐시
Bitcoin Cash

소개

비트코인캐시Bitcoin Cash, BCH는 비트코인Bitcoin 블록체인의 포크fork[1]로, 작업증명PoW[2] 방식을 통해 블록을 생성하며, 기존의 비트코인 블록체인과는 별개로 분리된 체인입니다. 비트코인캐시의 약자는 BCC와 BCH로 혼용되어 사용되지만, 비트커넥트Bitconnect가 BCC라는 약자를 예전부터 사용했기 때문에, 비트코인캐시를 BCH로 부르는 경우가 더 많습니다. 기존 비트코인과 비트코인캐시의 가장 큰 차이점은 블록 사이즈[3]입니다.

비트코인의 블록 사이즈가 1MB, 세그윗SegWit[4]이 적용되어도 최대 1.7MB이지만, 비트코인캐시의 블록 사이즈는 최대 8MB로, 비트코인의 느린 트랜잭션 속도라는 문제를 해결할 수 있다고 주장했습니다.

---

1 포크: 컴퓨터 프로그램 개발 용어. 코인의 코드를 변경하는 행위 또는 기존 코드를 기반으로 하여 새롭게 만들어진 결과물.
2 작업증명(Proof of Work): 채굴(Mining)이라는 과정을 통해 컴퓨터의 계산력을 투입하여 새로운 코인을 생성 및 지급하는 방식.
3 블록 사이즈: 트랜잭션 내역이 블록에 기록된 것으로, 블록 사이즈는 코인의 종류마다 차이를 보인다.
4 세그윗: 거래 속도를 높이고, 보안성을 향상하기 위한 비트코인의 포크 중 하나.

분석

비트코인의 느린 트랜잭션은 심각한 문제입니다. 커피 1잔을 구매할 때 3시간 이상의 시간이 걸린다면 화폐의 기능을 할 수가 없습니다. 게다가 높은 수수료도 문제입니다. 특히 트랜잭션이 많은 시간에는 더욱 지연이 심각해지므로, 전송 시간을 종잡을 수 없다는 변동성도 문제입니다. 이 문제를 해결하기 위해서는 트랜잭션 속도를 높여야 합니다.

트랜잭션 속도를 높이기 위해 BCH가 블록 사이즈를 늘린 것은 일리가 있지만, 완벽한 것은 아니었고 부족한 면도 존재합니다. 그러한 면을 어떻게 보완할지가 앞으로 BCH의 미래를 결정할 것입니다.

비트코인의 이름을 빌려오다

비트코인캐시는 'Bitcoin+[xxx]'의 이름을 가지며, 스냅샷^{Snapshot}[5] 시점의 비트코인 보유자들에게 1:1로 코인을 배분하는 방식으로 등장한 최초의 코인이었습니다. 비트코인캐시가 등장하고 나서 한동안은 사람들이 안 좋게 평가했습니다. BCH가 BTC의 이름만 빌려갔으며, 일부의 이익을 추구한다는 이유 때문이었습니다. 기존 BTC 코어 개발자 제프 가직$^{Jeff\ Garzik}$은 11월 19일 트위터를 통해 "BCH는 비트코인이라고 볼 수 없다"는 의견을 제시했습니다.

비트코인캐시가 최초로 등장한 8월 초의 BCH의 시가총액은 비트코인, 이더리움^{Ethereum}[6], 리플^{Ripple}[7]에 이어서 4위를 기록했습니다. 또 11월 말에는 3위를 기록하여 이전보다 점유율이 상승했습니다.

---

[5] 스냅샷: 어떤 시점에 거래소 회원 계정들의 코인 잔액을 기록한 것.
[6] 이더리움: 코인 종류의 하나. 분산 애플리케이션(Dapp) 등 다양한 분야로 활용된다는 점에서 화폐로만 사용되는 비트코인과 차이를 보임.
[7] 리플(Ripple): 코인 종류의 하나. 전송 속도가 빠르지만, 분산화 정도가 낮다는 평가를 받음.

비트코인의 성능 개선

비트코인캐시 측은 비트코인보다 성능이 개선되었다고 주장했습니다. 체인상 확장성On Chain Scalability, 새로운 방식의 트랜잭션 서명Transaction Signatures, 새로운 방식의 난이도 조정 알고리즘Difficulty Adjustment Algorithm, DAA, 개발 결정의 분산화Decentralized Development[8]를 주된 장점이라고 언급했으며, 트랜잭션 수수료Transaction Fee도 낮을 것이라고 주장했습니다.[1] 하지만 채굴이 집중화되는 문제를 해결하지 못했다는 것은 한계입니다. 기존의 비트코인과 동일한 해시 방식[9]을 사용함으로써, 에이직ASIC으로부터 자유로울 수 없으며, 특정 마이닝 풀Mining Pool[10]의 영향력이 강해지는 문제점이 발생합니다.

코인 지급

비트코인캐시의 포크는 블록 478,558. 2017년 8월 1일 오전 10시경에 진행되었고 당시 BCH를 지원하는 거래소 및 지갑에 비트코인을 보유한 사용자에게, 1:1 비율로 지급되었습니다.

---

8 분산화(Decentralization): 암호화폐는 개인 간 거래로, 중앙은행이나 서버처럼 중앙에 정보나 의사 결정권이 집중되지 않는다.
9 해시 방식: 작업증명 코인의 경우 채굴 과정에서 제시되는 암호 문제의 유형. 이더리움 계열은 Ethash, 비트코인 계열은 SHA 256, 라이트코인은 Scrypt, 제트캐시는 Equihash 등의 다양한 해시 방식이 존재한다.
10 마이닝 풀: 채굴을 할 때 혼자 하면 유효한 블록을 발견하지 못할 수도 있다. 극단적인 경우 1년에 1개의 코인도 채굴하지 못할 수도 있기에 이러한 것을 방지하고자 대규모의 해시레이트를 통한 마이닝 풀을 구성하고, 워커의 기여도에 따라 코인을 배분하는 것이다. 채굴 풀이라고도 한다.

기본 정보

- 기준일: 2017년 11월 29일
- 가격: $1,528.12(USD)
- 마켓 캡[11]: $25,714,630,315(USD, 3위)
- 24시간 거래량: $1,249,480,000(USD)
- 공식 홈페이지: https://www.bitcoincash.org/

개발진 및 경영진

개발을 주도한 업체는 비트메인Bitmain[2]이며 본사는 중국 베이징에 위치합니다. CEO는 우지한이라는 인물입니다. 우지한Jihan Wu은 2005년부터 2009년까지 중국의 베이징대학교의 경제학과, 심리학과를 졸업했습니다. 베이징대학교는 중국 2위[3], 세계 27위[4]의 훌륭한 학교입니다. 그는 2010년부터 벤처캐피털 투자자로 2년 7개월간 일했습니다. 투자자로 일하면서 비트코인에 대해 알게 된 우지한은 2011년 비트코인 백서를 중국어로 번역했으며, 중국의 비트코인 뉴스 및 커뮤니티 사이트인 8btc.com을 설립합니다. 8btc.com는 11월 28일 기준 일간 방문자 76,000명, 일간 페이지뷰 368,558건을 기록했습니다.[5] 곧이어 2013년에 채굴 장비 전문 제조업체 비트메인을 창업하게 됩니다.

한편 비트코인캐시의 개발은 비트메인의 지원을 받는 비트코인 ABC[BitcoinABC]에 의해 이루어졌으며, 아마리 세셰Amaury Séchet[6]가 전체적인 개발을 주도했습니다. 그는 2017년 7월의 인터뷰에서 비트메인에게

---

11 마켓 캡(Market Cap): 코인의 시장 가치로, [현재 코인 발행량]×[코인 가격]으로 계산된다.

서 확장성[12] 연구 scaling research에 대한 지원금을 받았다고 언급했습니다.

마이닝 풀 운영

우지한은 규모를 자랑하는 Antpool.com을 운영하고 있으며, BTC.com도 비트메인 소속입니다.[7] 2017년 11월 28일 기준 Antpool.com의 해시는 BCH 135.65PH/s, BTC 1945.39PH/s, LTC 9.13TH/s, ETH 275.52GH/s입니다. 실제 채굴된 BTC의 블록은 앤트풀 Antpool이 19%로 1위, BTC.com이 16%로 2위, viaBTC가 15%로 3위를 나타냈습니다.[8]

개발 활성 정보 분석(깃허브)

공식 홈페이지에 따르면 비트코인캐시 프로토콜의 풀노드[13]는 비트코인ABC, 비트코인 언리미티드 Bitcoinunlimited 등 총 5종류가 존재합니다. 그중 가장 많은 커밋 commit[14]을 나타내는 곳은 비트코인ABC입니다.

11월 28일 기준 비트코인ABC의 깃허브 github[15] 페이지의 총 커밋 횟수는 13,781건이며, 9월 이후의 커밋을 정리해보면, 하루 평균 커밋 횟수는 2.14개였으며, 평균적으로 커밋은 1.47일마다 업로드되었습니다. 커밋을 올린 날짜의 평균 커밋 횟수는 3.03을 나타냈습니다.

---

12 확장성: 증가하는 작업량을 처리할 수 있는 정도를 나타낸다.
13 풀노드: 모든 블록과 트랜잭션을 다운로드하고, 비트코인의 코어 합의 규칙(core consensus rules)에 부합하는지 체크한다. Bitcoin.org에 따르면 145GB 이상의 저장 용량, 2GB 이상의 메모리가 필요하다.
14 커밋: 소스 코드를 수정한 기록.
15 깃허브: 개발자들을 위한 플랫폼. 오픈소스 코인이면 누구나 열람할 수 있다.

2017년 9월 이후 BCH 커밋

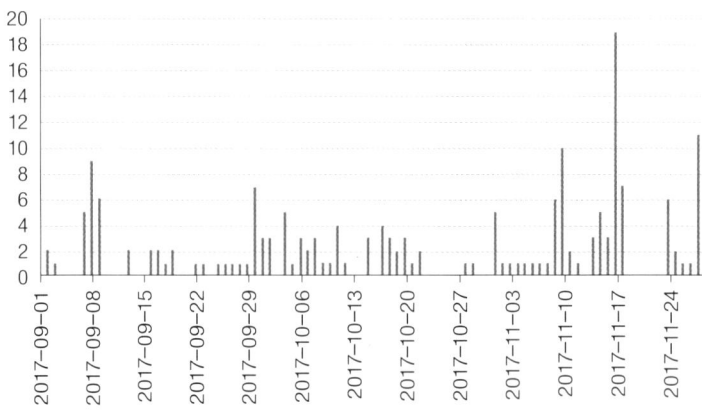

분석

깃허브는 개발이 이루어지는 플랫폼이며 커밋은 수정된 내용을 기록하는 것입니다. 따라서 만약 개발이 전적으로 깃허브를 통해서 이루어진다면 커밋이 활발하다는 것은 개발이 활발하게 이루어진다는 의미입니다. 단, 개발이 깃허브 외적으로도 이루어질 수 있다는 점, 커밋에서 수정된 코드의 중요도나 수정된 양과는 무관하게 횟수만으로 집계된다는 점이 커밋의 한계점입니다.

거래소

비트코인캐시는 메이저 거래소에서 거래되고 있으며, 100개 이상의 거래소에 상장되어 있습니다. 비트렉스Bittrex는 2017년 7월 27일[9], 비트파이넥스Bitfinex도 7월 27일[10]에 지원 계획에 대하여 발표했고, 폴로닉스Poloniex는 보안을 이유로 8월 3일[11]에 뒤늦은 지원 소식을 알렸습

비트코인캐시 거래소 순위

순위	거래소명	거래쌍	24h 거래량	가격	점유율
1	Bithumb	BCH/KRW	$425,715,000	$1,661.70	31.67%
2	HitBTC	BCH/BTC	$160,772,000	$1,583.62	11.96%
3	Bitfinex	BCH/USD	$135,056,000	$1,572.00	10.05%
4	Coinone	BCH/KRW	$97,245,400	$1,661.25	7.23%
5	Korbit	BCH/KRW	$66,406,000	$1,659.41	4.94%
6	Bittrex	BCC/BTC	$60,740,400	$1,580.94	4.52%
7	OKEx	BCC/BTC	$55,424,000	$1,582.23	4.12%
8	Bitfinex	BCH/BTC	$48,819,400	$1,577.48	3.63%
9	Poloniex	BCH/BTC	$38,562,300	$1,580.94	2.87%
10	Binance	BCC/BTC	$31,485,600	$1,589.37	2.34%
11	Huobi	BCC/USDT	$29,829,900	$1,575.99	2.22%
12	Poloniex	BCH/USDT	$23,928,400	$1,573.13	1.78%
13	Bittrex	BCC/USDT	$16,784,500	$1,579.61	1.25%
14	HitBTC	BCH/USDT	$15,222,300	$1,575.37	1.13%
15	Bit-Z	BCH/BTC	$10,122,000	$1,580.75	0.75%

* 2017년 11월 28일 기준

니다. 국내 거래소 B사[12]는 8월 4일, C사[13]는 8월 2주 이후, K사[14]는 8월 1일에 지급 소식을 알렸습니다.

주요 가격 변화

초반의 하락

비트코인캐시는 8월 1일 등장 이후 완만한 하락세를 나타내었습니다. BCH가 등장한 이후 기존 암호화폐 생태계는 양분되었고, 등장 초반에 투자자들은 BCH를 무시하는 경우도 많았습니다.[15] 가격은 전반적으로 하락했으며, 잠깐의 가격 상승 이후 8월 16일경까지 완만한 하

BCH 가격 변동

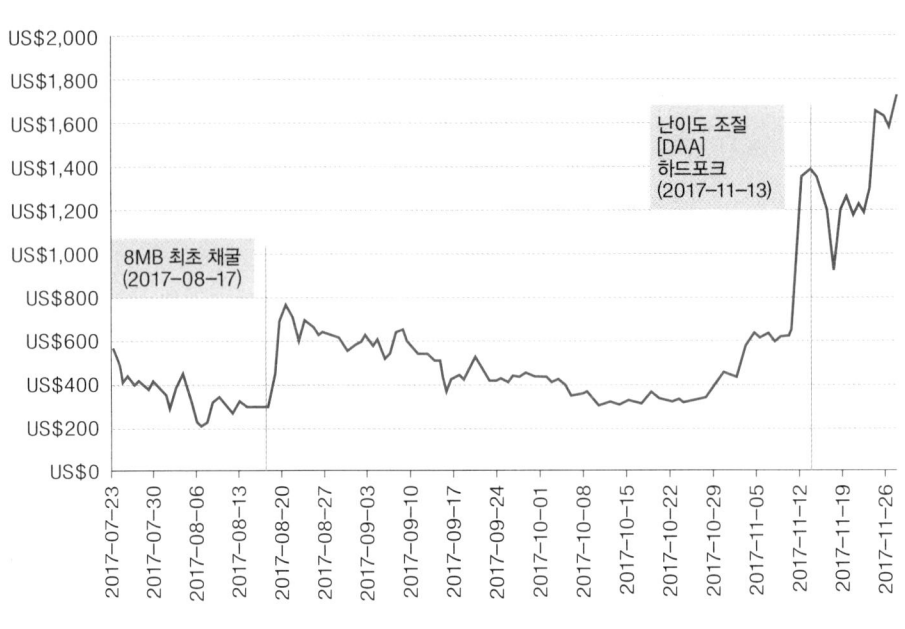

락세를 보였습니다.

8월 17일~21일

8월 17~21일 사이에 가격은 2배 이상 급상승했습니다. 이에 〈코인데스크Coin Desk〉는 새로운 거래소에 상장된 것과 채굴자의 영향이라는 두 가지 이유를 들었습니다.[16] 8월 17일에는 BCH 최초로 8MB 블록이 채굴[17]되었으며, CNBC는 8MB 블록의 정상적 작동, 빠른 트랜잭션16 속도로 인해 가격이 상승했다고 추측했습니다.[18]

---

16 트랜잭션(Transaction): 코인을 전송하거나 전송받는 행위.

11월 11일 이후

8월 23일 이후 가격은 완만하게 하락했으며, 11월 13일의 하드포크 hard fork[17]가 일주일 전에 공지되자, 커뮤니티 멤버들이 주목하게 되었습니다. 결국, 2일 전인 11월 11일부터 가격은 다시 상승했고, 3배 이상 상승하게 됩니다.

BCH, BTC, ETH를 비교해보면 BCH의 등장 이후 BTC의 상승 폭이 가장 높았으며, BCH는 상당히 큰 가격 변동성을 보였지만 그 뒤를 이었고, ETH는 그보다 낮은 수준이었습니다.

분석 ①

11월 12일 국내 거래소 B사의 서버가 다운되는 사태가 발생했습니다. BCH는 접속할 수 없던 1시간 동안 283만 원에서 168만 원으로 하

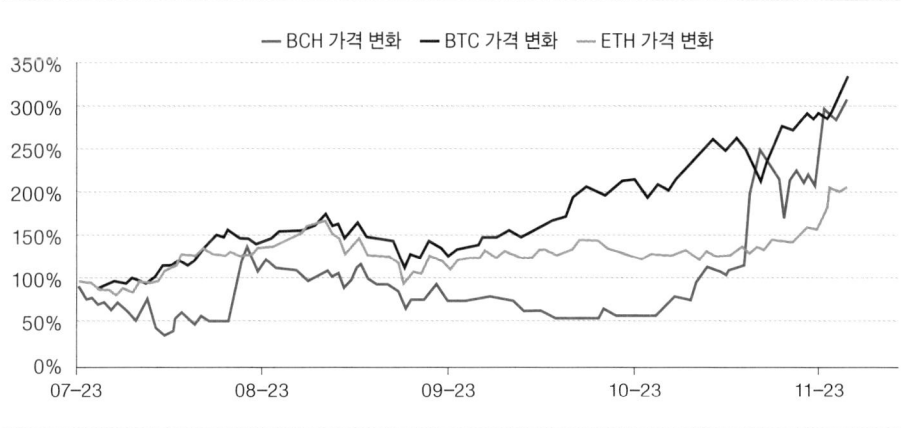

BCH, BTC, ETH의 상대적 가격 변화: 2017년 7월 23일~11월 27일

* 2017년 7월 23일의 가격을 100%로 함

---

17 하드포크: 코인의 코드를 변경하여 진행되는 업데이트로, 모든 사용자가 프로그램을 업데이트해야 한다.

락했습니다. 손해를 본 투자자들은 집단으로 B사에 소송을 제기하기 위해 11월 20~27일 피해를 입은 회원을 모집했으며, 현재까지 1,800명 이상의 투자자가 소송에 참여했습니다.[19] 투자자 입장에서는 순간적인 서버 다운을 염두에 두고, 장기적인 투자를 하는 편이 안전하며, 거래소에는 좀 더 책임 있는 서버 관리 및 설비 확충이 요구됩니다.

분석 ②

이 기간의 투자를 장기적으로 고려하면 BTC, BCH, ETH의 가격 모두 상승했다는 것을 알 수 있습니다. 물론 이더리움의 상승률이 낮기는 하지만, 결과적으로는 우상향하는 모습을 나타냈습니다. 특히 이 기간 코인 마켓 캡의 절대적인 규모가 증가하면서 수요가 증대되었고, 자연스럽게 상승했다는 점에서 점차 암호화폐의 일반화가 이루어지고 있다는 점을 확인할 수 있습니다.

비트코인캐시의 자금 조달
ICO/프리마이닝은 없었다

비트코인캐시 측은 ICO[18]와 프리마이닝^{Premining}[19]이 없다고 밝혔습니다. 코인을 만들고 유지하는 데 비용이 필요하고, 따라서 자금이 필요하지만, ICO를 통한 투자는 없었고, 채굴 수익의 일정 부분을 가져가는 개발자의 몫$^{Founder's\ Reward}$도 존재하지 않았습니다. 비트코인캐시 측

---

18 ICO(Initial Coin Offering): 코인 개발진이 초기 개발 자금을 모금하기 위하여 투자자를 모집하는 것. 발행되는 전체 토큰의 일정 부분을 ICO용으로 할당한다. 일반적으로 개발이 진행되는 코인과 기존의 가상화폐(주로 비트코인, 이더리움 등)를 일정 비율로 교환하는 형식으로 이루어진다.
19 프리마이닝: 코인을 공개 발표하기 이전에 개발진의 몫으로 일부 코인을 미리 채굴하거나 남겨두는 것.

은 "완전한 에어드롭full air drop과 같다"는 비유를 했습니다.[20]

개발 자금의 출처

개발 자금의 출처는 분명히 알려지지 않았으며 여러 가능성이 존재합니다. 우선 우지한의 회사 비트메인이 지원했을 수 있습니다. 비트메인의 정확한 수익은 알려지지 않았기 때문에, 간접적으로 추측할 수밖에 없는 상황입니다. 개발자인 지미 송Jimmy Song은 2017년 4월 14일, 비트메인이 BM1387 채굴기 칩의 판매만으로 2억~2억 5,000만 달러를 벌어들인 것으로 추정했으며, 기업 가치는 10억 달러가 넘는 것으로 추산했으며, 비트코인과 관련되어 가장 이윤이 높은 기업이라고 추측했습니다.[21]

또 다른 가능성은 비트코인캐시 트레이딩으로 인한 수익입니다. 우지한의 고성능의 에이직ASIC은 한동안 비트코인으로 판매되었고, 자체적인 마이닝 풀과 클라우드 마이닝 회사Hashnet를 보유하고 있습니다. 따라서 우지한은 포크 이전에 이미 다량의 비트코인을 보유[22]했고, 추가로 가격이 저렴해졌을 시점에 매집했다고 추측할 수 있습니다. 1:1로 지급되는 BCH의 등장 이후 BCH의 가격이 상승한 후 매도하는 전략을 통해 수익금을 얻었을 수도 있습니다. 특히 그는 8월에 비트코인 가격이 $10,000 이상을 기록할 것이라고 자신했고, 이로 인한 트레이딩 수익도 한몫했을 것입니다.[23]

또 다른 수익원은 마이닝 풀Mining pool의 수수료 수익입니다. 앤트풀

Antpool의 경우, 채굴방식의 종류(PPS[20]: 2.5%, pplns[21]: 0%[24][25])에 따라 수수료는 달라지며, 마이닝 풀 내부의 해시레이트[22]가 높아질수록 수수료도 비례하여 높아집니다. 따라서 상당한 수익을 올리고 있다고 추측할 수 있습니다.

이외에도 비트코인 커뮤니티는 우지한이 비트코인 및 BCH의 하락장을 조장하여 매집, 이후 상승세를 조장하여 판매pump and dump했다고 보고 있습니다. 우지한이 통제할 것으로 추정되는 비트코인 및 비트코인캐시의 양과 해시레이트, 그리고 우지한의 유명세[26]를 고려하면 충분히 가능한 일입니다. 실제로 국내 커뮤니티에서 트레이딩에 일가견이 있던 멤버조차 BCH의 갑작스런 상승과 하락에 대해 예견하지 못했다는 점과 우지한의 잦은 트위터 사용을 고려하면 가능성을 배제할 수는 없습니다. 이외에도 BCH의 난이도 조절 방식을 이용하여 채굴에서 추가적인 이익을 얻었을 것으로 추정됩니다.[27]

채굴

현재 채산성

커뮤니티 사용자 기준[28] 앤트마이너 S9(13.5TH/s)의 한 달 채산성은 약 52만 원입니다. 앤트마이너 S9의 중고 가격은 330만 원에 거래

---

20 PPS: 페이 퍼 셰어(Pay Per Share). 채굴에 참여한 비중에서 '운'의 요소를 줄이게 되며, 장기적인 채굴량이 감소하지만, 채굴 보상이 일정하게 유지됨. 단기간의 채굴에서 유리함.
21 PPLNS: 페이 퍼 라스트 엔 셰어(Pay Per Last N Shares)의 줄임말. '운'의 요소를 포함하여 계산함. 장기적인 채굴량이 증가하지만, 채굴 보상의 변동성이 큼. 장기간의 채굴에서 유리함.
22 해시레이트(Hash Rate): 채굴기 성능의 뛰어난 정도를 나타낸 것. 채굴 기계의 성능. 코인 종류, 난이도 등 다른 조건이 일정할 경우 해시 파워가 높을수록 단위 시간당 더 많은 코인을 채굴할 수 있음. 채굴 기계의 성능. 코인 종류, 난이도 등 다른 조건이 일정할 경우 해시 파워가 높을수록 단위 시간당 더 많은 코인을 채굴할 수 있음.

되고 있으므로, 손익분기점은 약 190일입니다. 또 현재 BTC 채굴보다 BCH 채굴이 10% 정도 높은 수익을 나타내고 있습니다. BTC와 BCH의 채굴 알고리즘은 SHA 256으로 동일하기 때문에 해시레이트의 이동이 가능합니다.

마이닝 풀

11월 28일 총 비트코인캐시의 해시는 약 $1.5EH/s^{23}$를 나타내고 있으며, 주요 마이닝 풀의 해시레이트는 아래 표와 같습니다.

Pool	Speed
Bitcoin.com	194PH/s
Antpool	112PH/s
ViaBTC	87PH/s
BTC.com	86PH/s

블록 리워드 및 통화 공급량

계획된 블록 리워드 Block Reward[24]는 1블록당 12.5BCH이며, 블록 타임은 10분입니다. 총 2,100만 개까지 발행이 예정되어 있습니다.

현재 비트코인이 약 1,670만 개 발행되었으며, 비트코인캐시는 약 1,682만 개 발행되어 약 12만 개의 수량 차이를 보입니다. 이 현상은 비트코인캐시의 독특한 난이도 조절 정책[29] 때문이었습니다. MTP Median Time Past는 직전 11블록 중 중간의 값으로, 현재의 MTP와 6블록 이전의 MTP가 12시간보다 더 커야 한다는 것입니다. 그렇게 되면 채굴자들은

---

23 1kH/s=초당 1,000해시; 1MH/s=초당 1,000,000해시; 1GH/s=초당 1,000,000,000해시; 1TH/s=초당 1,000,000,000,000해시; 1PH/s=초당 1,000,000,000,000,000해시; 1EH/s=초당 1,000,000,000,000,000,000해시
24 1블록당 만들어지는 코인의 숫자.

블록을 20% 더 쉽게 채굴할 수 있습니다. 문제점은 블록을 찾기 이전에 알 수 있다는 점입니다.

이 점을 이용한 채굴자들은 부적절한 이득을 취했고, 이러한 난이도 조절을 이용해 해시가 비트코인과 비트코인캐시 사이에서 크게 이동했습니다. 이에 대해 비트코인ABC는 11월 13일 난이도 조절 하드포크를 통해 이 점을 개선한다고 밝혔습니다.[30] 이러한 하드포크로 인해 해시레이트의 출렁임은 상대적으로 안정화되었으며 성공적이었다는 평가를 받았습니다.[31] 즉 설계대로인 10분에 1블록, 1시간에 6블록에 근접하는 수준으로 안정화되었습니다.

시간당 찾은 블록 개수

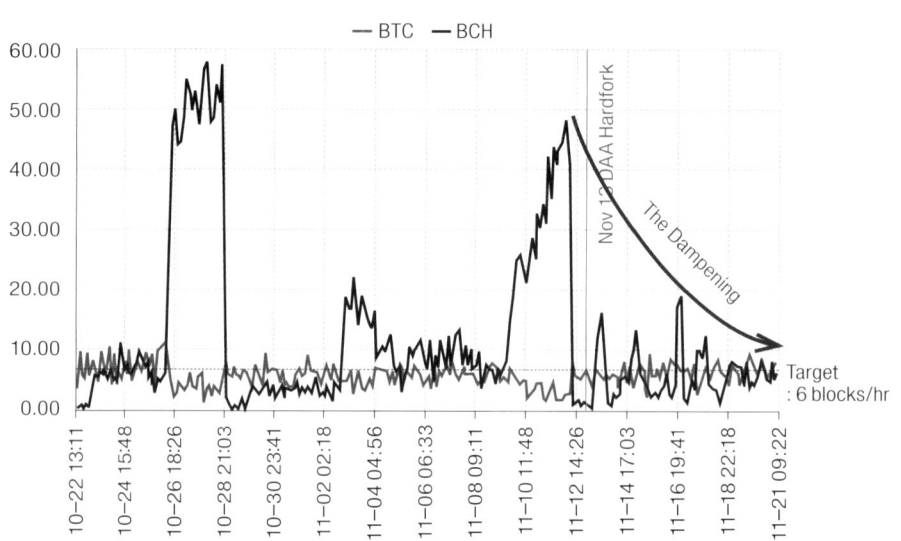

Coin	3h	6h	12h	1d	7d
BTC	8.67	7.83	6.75	7.25	6.49
BCH	4.33	5.17	5.92	6.21	5.72

BTC와 BCH 해시레이트 이동

비트코인과 비트코인캐시의 해시 알고리즘이 동일하기 때문에, 둘 사이에는 연관성이 존재합니다. SHA256 알고리즘으로 피어코인[Peercoin], 제타코인[Zetacoin] 등 다양한 코인을 채굴할 수 있습니다. 하지만 채산성이 낮은 코인을 제외하면 같은 알고리즘의 코인 중에서 비트코인이 10,442pH/s로 1위, 비트코인캐시가 1,392pH/s로 2위를 나타내는 상황입니다.[32] 결국 비트코인캐시의 해시는 비트코인 쪽으로 순간적으로 이동할 수 있습니다. 〈코인데스크〉[33] 등 해외 언론에서도 주목했으며, 특히 BTC, BCH 채굴자 입장에서는 순간적으로 이익이 커지는 쪽으로 이동하게 되므로 관심이 많았습니다. 9월 21일에 라이트코인 개발자 찰리 리[Charlie Lee]도 BCH의 수익과 BTC 수익을 비교하는 트위터를 업로드했습니다.[34]

비트코인캐시의 등장 초반에는 BCH의 이익이 높았기 때문에 BTC의 해시가 BCH 쪽으로 이동하기도 했습니다.[35] BCH와 BTC의 상대적인 해시레이트 변화를 살펴보면, 11월 13일의 난이도 조절 하드포크 직전까지 BCH의 해시가 급상승했습니다. 특히 BCH의 해시는 비트코인보다 상대적으로 불안정하게 급격히 증가 및 감소하는 모습을 나타냈고, BCH 해시레이트가 상승한 경우 BTC의 해시레이트는 약간 하락하는 모습을 나타냈습니다.

BTC, BCH 해시레이트 비교[36]

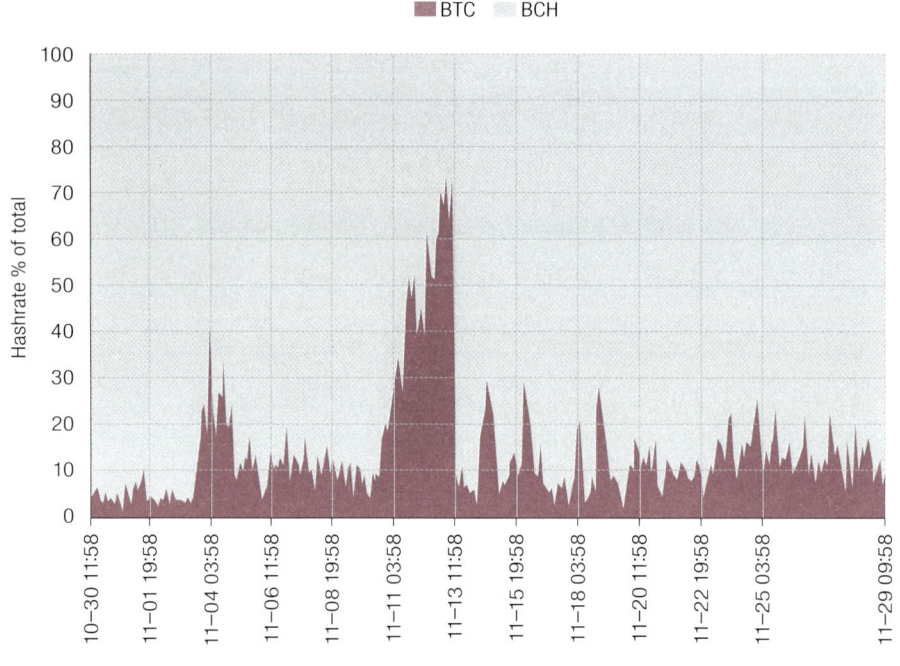

BCH 해시레이트 변동[37]

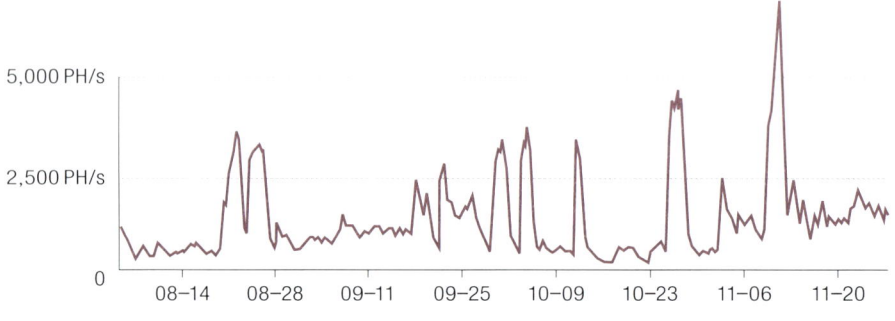

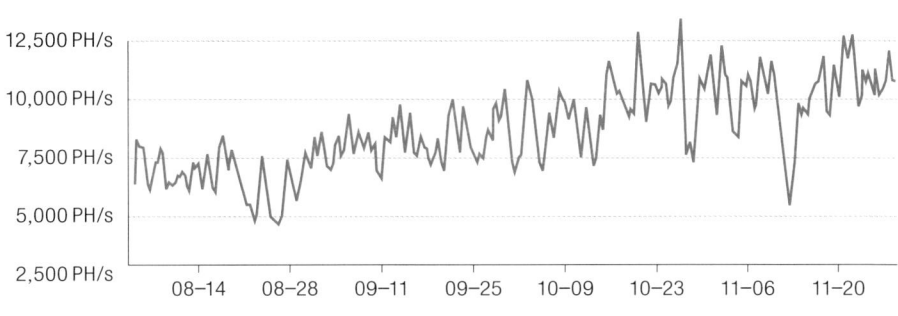

BTC 해시레이트 변동[38]

해시레이트와 난이도

난이도는 해시레이트에 대해 후행적 움직임을 나타내고 있습니다. 또 난이도가 선형을 유지하는 경우가 많았으나, 11월 13일 이후에는 동적으로 움직이게 되었습니다.

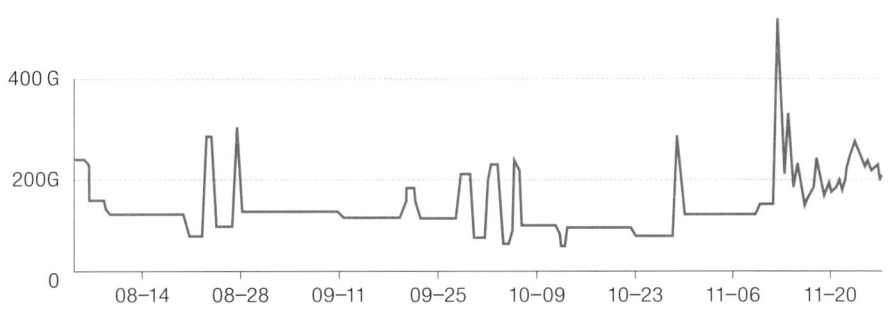

BCH 난이도(Difficulty) 변동

구글 트렌드[25] 변화

비트코인캐시의 검색량(구글 관심도)은 가격 변동 그래프와 완전히 유사하지는 않지만, 상승과 하락의 패턴이 유사합니다. 특히 2017년 11월 13일 난이도 조절 하드포크에 대해 사람들은 많은 관심을 보였습니다. 지리적으로는 남아프리카 공화국과 호주의 관심도가 높습니다.

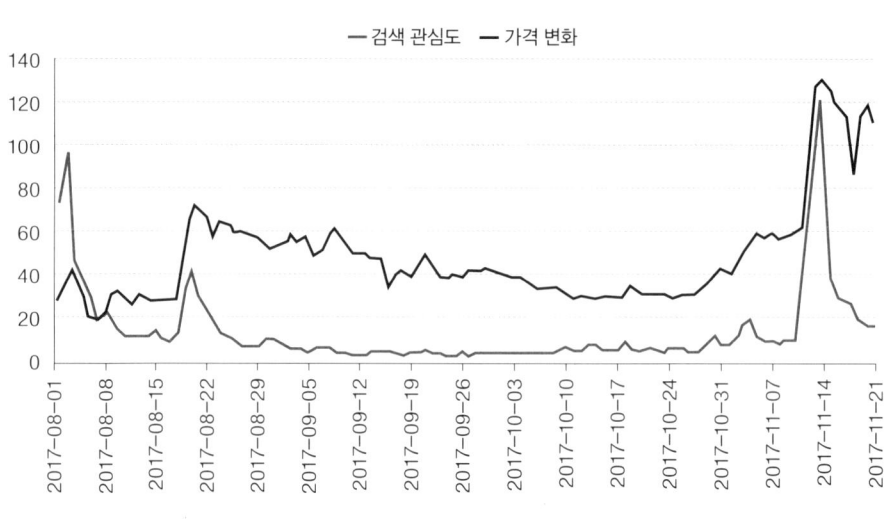

* 2017년 11월 12일의 가격을 100%로 함

[25] 구글 트렌드: 웹 검색 사이트 구글의 검색어 통계 정보를 제공하는 웹사이트. 특정 검색어에 대한 관심도 변화와 지역별 관심도를 확인할 수 있다.

BCH 가격과 구글 관심도: 2017년 8월 16~23일

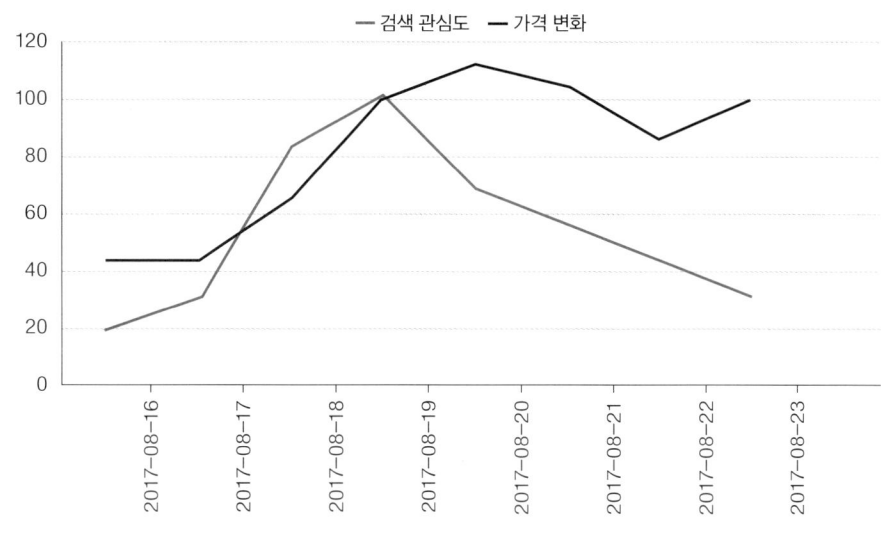

* 2017년 8월 19일의 가격을 100%로 함

BCH 가격과 구글 관심도: 2017년 11월 8~15일

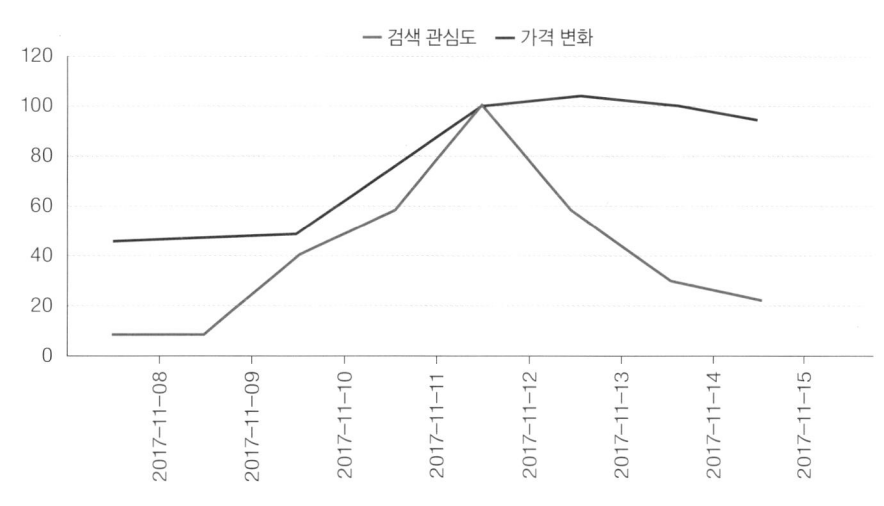

* 2017년 11월 12일의 가격을 100%로 함

BCH 지역별 관심도

* 색이 진할수록 관심도가 높음

02
비트코인골드
Bitcoin Gold

CryptoCurrency Investment Strategy Report

> **소개**

비트코인골드 Bitcoin Gold, BTG 는 비트코인 Bitcoin, BTC 블록체인의 포크로, 작업증명 방식을 통해 블록을 생성하게 되며, 기존의 비트코인 블록체인과는 별개로 분리되는 체인입니다. 포크 이전까지는 동일한 트랜잭션을 보유하게 되며, 이후에는 분리됩니다. 결국, 비트코인과는 별개의 새로운 암호화폐가 등장하게 되었고, 이후 유사한 방식으로 비트코인의 포크인 비트코인 다이아몬드 Bitcoin Diamond, BCD 도 개발 소식을 알렸습니다.

비트코인골드의 등장

2017년 9월 말 처음 비트코인골드의 개발 소식이 전해졌습니다. 이 소식을 처음 들은 커뮤니티 이용자들은 심각하게 받아들이지 않았으나, 채굴자 중 일부는 비트코인골드 채굴에 특화된 GPU[1] 채굴기를 미리 준비하기도 했습니다. 일부 투자자들은 공짜 코인을 받을 수 있다는 기대감에 스냅샷 시점에 임박하여 BTC를 급히 구매하기도 했습니다.

---

1 GPU(Graphics Processing Unit): 그래픽 처리 장치

목표는 해시의 분산화

홍콩의 라이트닝 에이직[Lightning ASIC]² 이라는 채굴 장비 전문 제조 업체 CEO인 잭 리아오[Jack Liao]의 주도 아래 BTG의 개발이 시작되었습니다. 이들이 새로운 BTC인 BTG를 만들어내겠다는 명분은 해시 방식을 SHA256(비트코인, 비트코인캐시 등)에서 이쿼해시[Equihash] (허쉬, 제트캐시, 코모도 등)로 변경하여, 코인 채굴의 분산화를 달성하겠다는 것이었습니다.

기존의 BTC는 우지한의 비트메인 앤트마이너 S9³ 등 최신 기술의 채굴기로 인하여 해시 파워⁴가 집중되어 GPU나 PC로 BTC를 채굴하는 것이 의미가 없을뿐더러 오히려 손해를 보게 되었습니다. 특히 2008년 11월 발간된 비트코인 백서에서는 CPU의 파워를 전제하여 작업증명 과정을 설명했으며, GPU 채굴기 및 에이직[ASIC] 채굴기의 등장이 고려되지 않았습니다.

2009년 12월 비트코인 개발자 나카모토 사토시는 GPU를 이용한 채굴을 권장하지 않는다는 글을 남겼지만 1년 후[1] 비트코인 위키[Bitcoin Wiki][2]에 따르면 2010년 10월 1일 처음 비트코인용 GPU 마이너[miner] 프로그램이 등장했습니다.[3]

2010년에는 PC용 메인보드와 GPU를 활용한 4way GPU 채굴기⁵가 등장했습니다.[4] 머지않아 우지한의 비트메인이 2013년에 설립되었으

---

2 에이직(ASIC): 채굴 전용으로 제작된 기계로, 채굴만 할 수 있는 기계이지만 GPU 채굴기보다 성능이 높다.
3 앤트마이너(Antminer): 중국 비트메인의 에이직(ASIC) 채굴기. 채굴 알고리즘에 따라 S, D, L 등의 세부 모델로 분류된다.
4 해시 파워: 채굴 기계의 성능. 코인 종류, 난이도 등 다른 조건이 일정할 경우 해시 파워가 높을수록 단위 시간당 더 많은 코인을 채굴할 수 있다. 비트코인에서는 투표에 사용되기도 한다.
5 4way GPU 채굴기: GPU 4개를 하나의 메인보드에 연결하여 만들어진 채굴기.

며, 처음에는 앤트마이너 S1으로 시작했습니다.[5] 앤트마이너 S1의 성능은 180,000MH/S, 전력 소비량은 360W를 나타냈습니다.[6] 2013년 당시 GPU 채굴기의 성능은 에이직^{ASIC}에 한참 미달하는 성능이었습니다. 7850 6way 채굴기의 경우 2,568MHS를 나타내어 성능이 좋지 못했고, CPU 채굴의 성능은 더욱 떨어졌습니다.

이렇게 기존에 예상하지 못했던 고성능의 에이직이 등장하고, 매년 업그레이드되면서 에이직 없이 비트코인을 채굴하면 전기 요금보다 수익이 낮을 수밖에 없었습니다.

비트코인골드 측은 아래와 같은 표를 제시하며, 비트코인골드가 비트코인의 문제점을 해결할 대안이라고 홍보했습니다.

BTG에서 제시한 비트코인 포크 간 차이점

	Bitcoin	Bitcoin Gold	Bitcoin Cash	B2X
Money supply	21 million	21 million	21 million	21 million
PoW Type	ASIC	GPU	ASIC	ASIC
Block time	10 minutes	10 minutes	10 minutes	10 minutes
Difficulty adjustment	2 week	Each block	2 weeks + EDA	2 week
Segwit	Yes	Yes	No	Yes
Replay protection	–	Yes	Yes	No
Uniquw address format	–	In future release	No	No

분석

비트코인골드가 제시한 것은 처음부터 성능의 향상이 아니었고, 개발 일정이 지연된다는 문제가 심각했습니다. 또 GPU 채굴도 에이직 채굴기가 개발된 알고리즘에 비하면 정도가 덜하지만, 실질적으로 상당한 비용이 발생하게 됩니다. 따라서 GPU 채굴로 인해 분산화가 완료되었다고 보기는 어렵습니다.

또 기존 비트코인의 경우 실질적으로 채굴자들의 의견을 직접 수렴하기보다는, 마이닝 풀이나, 거래소 및 지갑 서비스 제공사들을 통해 의견을 수렴하게 되므로, 실질적인 채굴자들의 목소리와는 차이가 발생합니다. 비트코인골드에서도 마찬가지로 소수의 업체들이 다수의 채굴자를 대변하는지에 대한 언급이 없어서 진정한 분산화라고 보기는 어렵습니다.

코인 지급

비트코인골드는 포크가 예정된 블록(491, 407; 2017년 10월 24일 오전 10시 20분)에 BTG를 지원하는 거래소 및 지갑에 비트코인을 보유한 사용자에게 1:1 비율로 지급되었습니다. 원래 출시가 예정되었던 11월 1일보다 지연되어 커뮤니티 사용자들은 신뢰하지 않았으나, 테스트 넷 및 마이닝 풀, 거래소 상장이 차츰 진행되기 시작했습니다.

또 2017년 10월, 이미 BTC과 BCH로 쪼개진 상황에서 비트코인골드와 세그윗2X^{SegWit2X}[6]가 등장하면 비트코인이 4개로 쪼개진다는 생각에 많은 커뮤니티 이용자들이 우려했으나, 비트코인골드의 등장 이후 2017년 11월 말, 비트코인 가격은 상승을 거듭하여 역대 최고 가격과 최대 규모의 시가총액을 기록했습니다.

---

[6] 세그윗2X: 블록 사이즈를 늘리려는 비트코인의 하드포크. 커뮤니티의 반대로 인해 개발이 중단되었다.

기본 정보

- 기준일: 2017년 11월 27일
- 가격: $381.65
- 마켓 캡: $154,864,000(5위)
- 24시간 거래량: $154,864,000
- 공식 홈페이지: https://www.bitcoingold.org/

개발진 및 경영진

잭 리아오는 라이트닝 에이직의 CEO로, 비트코인골드의 개발을 주도하고 있습니다. 전 세계 곳곳에서 BTG에 대한 강연 활동을 벌이고 있으며, 한국에도 방문했습니다. 개발자는 익명의 'h4x3rotab'[7]과

잭 리아오의 서울 밋업 강연

* 2017년 11월 24일

'Martin Kuvandzhiev'[8]입니다. 이들의 깃허브의 저장소Repositories에는 주로 C, C++, 자바스크립트, 파이썬 등으로 제작된 코드가 저장되어 있습니다.

분석 ①

잭 리아오, 퀀텀Qtum 재단의 패트릭Patrick Dae, 네오NEO의 다홍페이Da hong fei 등은 많은 강연을 펼치고 있습니다. 하지만 강연에서 실질적으로 중요한 내용이 발표되는 경우는 많지 않습니다.

개발자가 밋업Meetup7을 '중요한 소식'을 알리는 창구로 활용하고, 그러한 특종을 밋업에 참가한 사람들이 미리 알게 되어 코인 트레이딩에 영향을 준다면, 개발자들의 밋업에 더 큰 영향력이 발생할 것입니다.

개발 활성 정보 분석(깃허브)

비트코인골드의 깃허브인 'BTCGPU' 페이지의 총 커밋 횟수는 14,990건으로, 9월 이후의 커밋을 정리해보면, 하루 평균 커밋 횟수는 3.33개였으며, 평균적으로 커밋은 1.56일마다 업로드되었습니다. 커밋을 올린 날짜의 평균 커밋 수는 5.29를 나타냈습니다.

특히 10월 31일의 커밋 수가 50건으로, 커밋이 올라온 날짜의 평균보다 9배 이상 높았습니다. 그 이유는 11월 1일이 출시일이라는 것과 무관하지 않다고 생각합니다.

---

7   밋업: 특정일에 참가자들이 참가비를 내거나 혹은 무료로 참가하는 행사로, 암호화폐 업계에서 코인 개발자나 코인 개발 업체 등에서 강연을 한다.

2017년 9월 이후 BTG 커밋

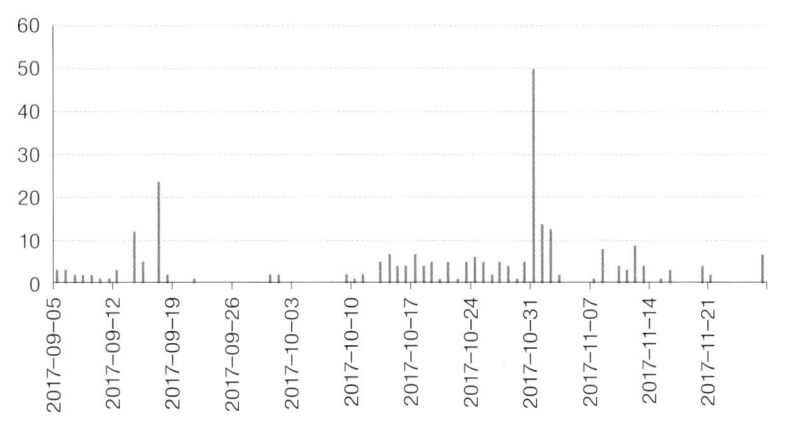

분석 ②

비트코인골드는 계획보다 10일 정도 지연되었습니다. 커밋이 10월 31일 갑작스럽게 증가한 것을 보면, 11월 1일에 출시하고자 했던 것으로 추측됩니다. 하지만 제대로 된 준비 없이 먼저 공지만 하고 커뮤니티의 관심을 얻으려는 것은 신뢰감을 떨어뜨리는 모습입니다. 코인의 경우 보안성이 매우 중요하므로, 테스트 과정도 고려되어야 하며 채굴에 대한 테스트도 진행되어야 합니다.

하지만 비트코인골드의 경우 개발 일정도 지연되었을 뿐만 아니라 미리 공지하지 못하고 지연이 임박한 뒤에 공지했다는 심각한 문제점이 발생했습니다. 심지어 개발 이후에도 악성 코드 발견, 채굴 수수료 문제 등 테스트를 충분히 진행했다면 발견했을 문제들조차 발생했다는 점에서도 급조된 느낌을 지울 수 없습니다. 마켓 캡 기준 5위로 순식간에 등장한 비트코인골드가 암호화폐의 진정한 발전과 분산화를 목표로 하고 있다면, 앞으로는 급조된 개발보다는 체계적인 일정 수립과 개발 인

원에 대한 합리적인 확보가 선행되어야 할 것입니다.

거래소

BTG를 지원하는 거래소들을 일부 거래소에서는 선물 거래 형식으로 미리 거래를 도입하기도 했습니다. 다른 거래소들은 스냅샷을 미리 찍은 이후, 메인넷이 안정화된 이후의 특정 시점부터 코인을 나누어주고 거래했습니다.

10월 23일에 비트렉스^{Bittrex}에서 시작된 BTG의 선물 거래 이후 약 1달이 지난 11월 27일, 시가총액 기준 5위, 거래량은 7위를 나타냈습니

BTG 거래소 순위

순위	거래소명	거래쌍	24h 거래량	가격	점유율
1	Bittrex	BTG/BTC	$53,777,000	$381.88	33.60%
2	Bitfinex	BTG/USD	$26,816,300	$385.60	16.76%
3	HitBTC	BTG/BTC	$21,931,000	$382.73	13.70%
4	Bitfinex	BTG/BTC	$16,931,500	$383.79	10.58%
5	Bittrex	BTG/USDT	$9,536,470	$377.43	5.96%
6	HitBTC	BTG/USDT	$7,985,460	$383.64	4.99%
7	Binance	BTG/BTC	$6,720,920	$378.56	4.20%
8	Bitcoin Indonesia	BTG/DR	$4,513,770	$382.36	2.82%
9	OKEx	BTG/BTC	$2,872,310	$319.16	1.79%
10	Bittrex	BTG/ETH	$2,062,550	$382.45	1.29%
11	Exrates	BTG/BTC	$1,285,200	$357.73	0.80%
12	Exrates	BTG/USD	$1,116,370	$356.79	0.70%
13	HitBTC	BTG/ETH	$1,056,300	$384.40	0.66%
14	Coinnest	BTG/KRW	$1,015,140	$397.57	0.63%
15	YoBit	BTG/BTC	$583,994	$383.04	0.36%

* 2017년 11월 27일 기준

다. 거래소 중에서는 비트렉스, 비트파이넥스^{Bitfinex}의 거래량이 두드러지며, HitBTC도 높은 거래량을 기록했습니다.

주요 가격 변화

초반의 하락

2017년 10월 23일 비트렉스 거래소에서 비트코인골드 선물 거래가에서 출시되었습니다.[9] 요빗^{Yobit}은 23일[10], HitBTC에서는 24일에 지원되었습니다.[11] 하지만, 선물 거래가 이루어지는 상황에서도 개발이 일정대로 진행되지 못하는 모습을 보이자, 코인 투자자들은 비트코인골드가 스캠^{SCAM8}일 수도 있다는 불안감을 느끼게 됩니다. 특히 리플레이

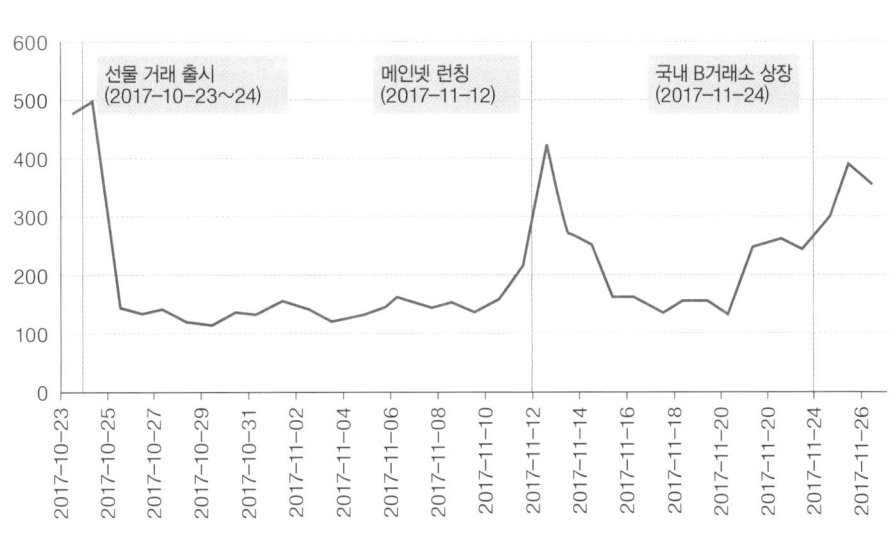

BTG 가격 변동

---

8 스캠(SCAM): 악의적으로 투자자의 자금을 훔치려는 행위.

BTG, BTC, ETH의 상대적 가격 변화: 2017년 10월 23일~11월 26일

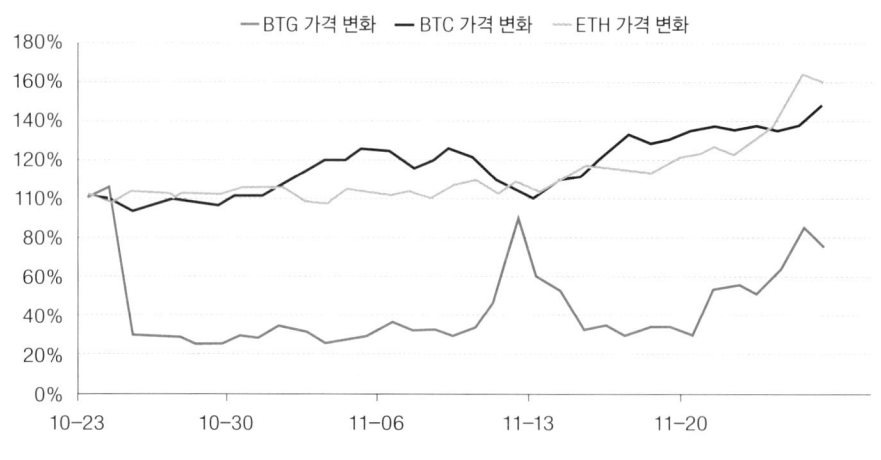

* 2017년 10월 23일의 가격을 100%로 함

어택[Replay attack][9]의 가능성과 완성된 코드가 공개되지 못했다는 점이 한계점이었습니다.

특히 선물 거래는 비트코인골드가 출시되지 않을 경우 0원이 된다는 큰 위험성이 존재했습니다. 하지만 오랫동안 기다려온 투자자들은 11월 12일 메인넷[Mainnet][10]이 런칭된 이후, BTG를 정상적으로 받았습니다.

정식 서비스 개시

11월 1일로 예정된 BTG의 런칭은 예정일보다 10일 늦은 11일에 이루어졌습니다. 런칭 직후 선물로 거래되던 코인이 상장되면서 가격이 상승했습니다. 하지만 11월 11일에는 거래소에서 BTG의 입출금을 지

---

9   리플레이 어택: 코인을 출금할 때 중복 출금이 되는 경우를 가리킨다. 비트코인의 하드포크 시점에 발생 위험도가 높아진다.
10   메인넷: 코인의 정식 네트워크. 반의어는 테스트넷(Test-net).

원할 수 없었고, 결국 $400까지 상승했던 BTG는 불완전한 입출금 기능으로 인해 다시 하락하여 $200 아래에 머무르게 됩니다.

분석

B거래소는 초반에 비트코인골드의 입금만을 개방하고 출금은 허용하지 않았습니다. 만약 기술적인 이유 때문이라면 문제가 아니겠지만, 개장 초반에 거래를 위한 물량을 확보하기 위해 억지로 출금을 막은 것은 바람직한 모습은 아닙니다. 국내 거래소도 좀 더 정정당당한 경쟁을 보여주었으면 하는 바람입니다.

거래소 상장 및 입출금

2017년 11월 24일 오후 2시에 국내 1위 거래소 B사는 공지[12]와 동시에 BTG를 상장하게 됩니다. 기존의 20~40만 원이던 BTG 선물 가격은 국내 특정 거래소(B사)에 상장되면서 해당 거래소에서 130만 원까지 치솟았습니다. 이 거래소는 BTG의 입금과 거래만을 허용했으며 출금

상위 8개 거래소의 가격 차이

#	Source	Pair	Volume(24th)	Price	Volume(%)
1	Bittrex	BTG/BTC	$51,067,400	$379.93	32.87%
2	Bittrex	BTG/USD	$25,541,000	$381.00	16.44%
3	HitBTC	BTG/BTC	$22,122,400	$379.24	14.24%
4	Bitfinex	BTG/BTC	$16,226,000	$381.35	10.44%
5	Bittrex	BTG/USDT	$8,985,830	$374.92	5.78%
6	HitBTC	BTG/USDT	$8,909,500	$380.43	5.73%
7	Binance	BTG/BTC	$6,650,190	$380.95	4.28%
8	Bitcoin Indonesia	BTG/IDR	$4,310,000	$382.67	2.77%

* 2017년 11월 27일 기준

은 허용하지 않았습니다. 당시 이 거래소를 제외한 거래소의 BTG 가격은 기존의 시세를 그대로 유지했습니다.

하루 만에 B사의 상장으로 인한 가격 거품은 사라졌으며, 2017년 11월 27일 기준 상위 8개 거래소(BTG 거래량 기준)의 가격 차이는 3% 내외로 낮은 수준을 나타냈습니다.

비트코인골드 팀의 자금 조달
프리마이닝

비트코인골드는 ICO 없이 시작되었습니다. 이들은 프리마이닝을 통해 100,000BTG를 확보했습니다. 총 공급 예정량인 2,100만 BTG 중 0.476%에 해당합니다. 1BTG=$380 기준으로 $38,000,000, 11월 27일의 환율(매매 기준율) 1,089원을 기준으로 하면 우리 돈 약 410억 원의 금액입니다.

시점	비트코인	비트코인골드
포크 이전	16,500만 BTC	0
포크 이후	공급량 지속적 증가	1,650만 BTG
프리마이닝의 영향	영향 없음	1,660만 BTG
BTC 공개 채굴 시작	영향 없음, 공급량 지속적 증가	공급량 지속적 증가
최대 공급량	2,100만 BTC	2,100만 BTG

프리마이닝을 통해 얻은 BTG 중 5%만을 즉시 사용하며, 나머지 35%는 긴급 자금으로, 나머지 60%는 일정 시간 이후 열 수 있는 지갑을 통해 조금씩 사용하게 됩니다.[13][14] 이 60퍼센트의 지갑은 매년 20%씩 이용 가능하도록 전환됩니다.

채굴 수수료 의혹

11월 15일 마이닝 풀 몰래 채굴된 코인의 0.5%를 비트코인골드 개발팀에게 전송하는 코드가 BTG 공식 마이닝 풀인 pool.gold에서 발견되었다는 사실이 보도되었습니다.[15] 이 코드는 비트코인골드 팀에서 미리 공지한 사항이 아니었기 때문에 풀 운영자들과 코인 커뮤니티는 실망감을 드러냈고, 가격은 전날의 $250에서 $150으로 급격히 하락했습니다.

비트코인 개발자인 'Kuvandzhiev'는 채굴 수수료[11]를 삭제할 수 있다는 것과 다른 소프트웨어의 경우 1~2%의 고정 수수료를 얻는다는 변명을 했으나, 마이너토피아(MinerTopia) 등 일부 마이닝 풀은 비트코인골드를 풀에서 지원하지 않기로 했습니다.

채굴

현재 채산성

11월 27일 오후의 채굴 보상은 전기료와 임대료를 제외하면, 1060 6way 1대당 하루 약 0.03, 코인 가격 37만 원을 기준으로, 약 1만 1,000원입니다. 1060 6way를 200만 원이라고 가정하면, 약 180일 이후가 손익분기점입니다. 11월 27일 기준, 같은 해시를 사용하는 Z캐시(Zcash) 보다 약 17% 더 많은 채굴 수익을 나타내고 있습니다.

(전기요금 제외) 채굴자들은 채산성이 낮아지면 다른 코인으로 옮겨가게 되고 코인별로 난이도는 제각기 조절되므로, 장기적으로 다양한 코인의 채산성은 비슷하게 유지됩니다.[16]

---

11 채굴 수수료: 채굴되는 코인의 특정 비율을 개발진 또는 마이닝 풀에서 차감하고 나머지를 채굴자에게 지급하는 것.

마이닝 풀

11월 27일 현재 총 해시는 약 100MH/s를 나타내고 있으며, 주요 마이닝 풀의 해시레이트는 아래 표와 같습니다.

Pool	Speed
Suprnova.cc	49,045 KH/s
miningpoolhub.com	12,318 KH/s
btgpool.pro	6,750 KH/s
pool.gold	6,390 KH/s
https://savspool.com/	800 KH/s
MinerGate.com	144 KH/s
http://btg.nibirupool.com/	84 KH/s
http://miningpools.cloud	35 KH/s

블록 리워드 및 통화 공급량

계획된 블록 리워드는 1블록당 12.5BTG이며, 블록 타임은 10분입니다. 총 2,100만 개까지 발행이 예정되어 있으며, 프리마이닝 이후 메인 넷 런칭 시 1,660만 BTG가 이미 존재했습니다.

설계대로라면, 하루에 144개의 블록과 1,800개의 BTG가 생성됩니다. 1달에는 약 54,000개, 1년에는 약 648,000개의 BTG가 만들어지게 됩니다.

1시간의 분^{minute}×1일의 시간 = 1일의 분: 60×24 = 1440분
1일의 분/블록 타임 = 하루의 블록 횟수: 1440분/10분 = 144번
하루의 블록 횟수×블록 리워드: 144×12.5 = 1800BTG
하루×30 = 한 달, 한 달×12 = 1년

해시레이트와 난이도

일반적으로 해시레이트와 난이도는 같은 방향으로의 흐름을 나타내지만, 아직 채굴이 시작된 지 채 1달도 지나지 않았기 때문에 연관성이 상대적으로 떨어집니다.

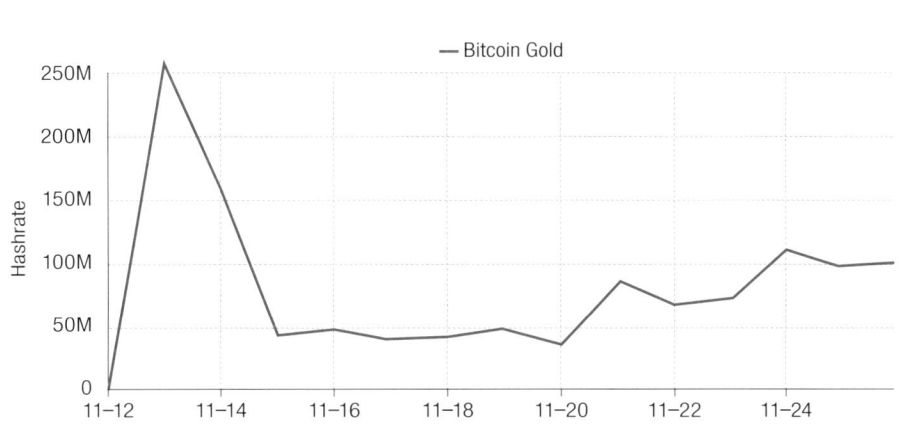

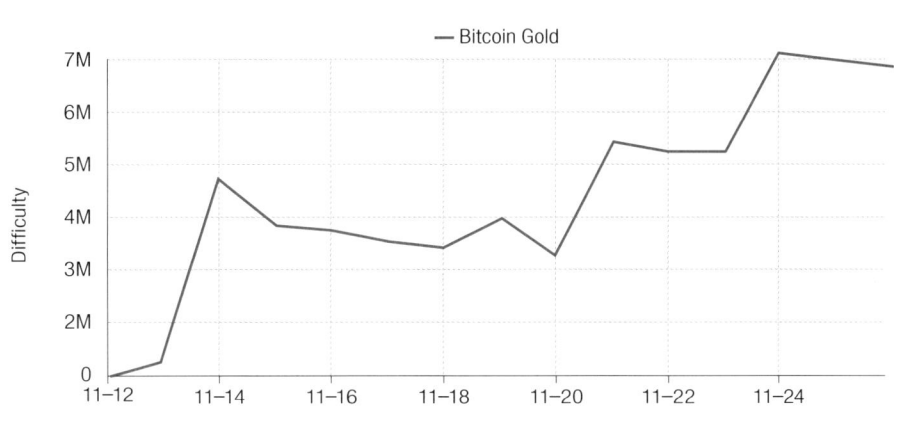

구글 트렌드 변화

비트코인골드의 검색량(구글 관심도)은 가격 변동 그래프와 완전히 유사하지는 않지만, 상승과 하락의 패턴이 유사합니다. 또, 특히 호주의 관심도가 매우 높습니다.

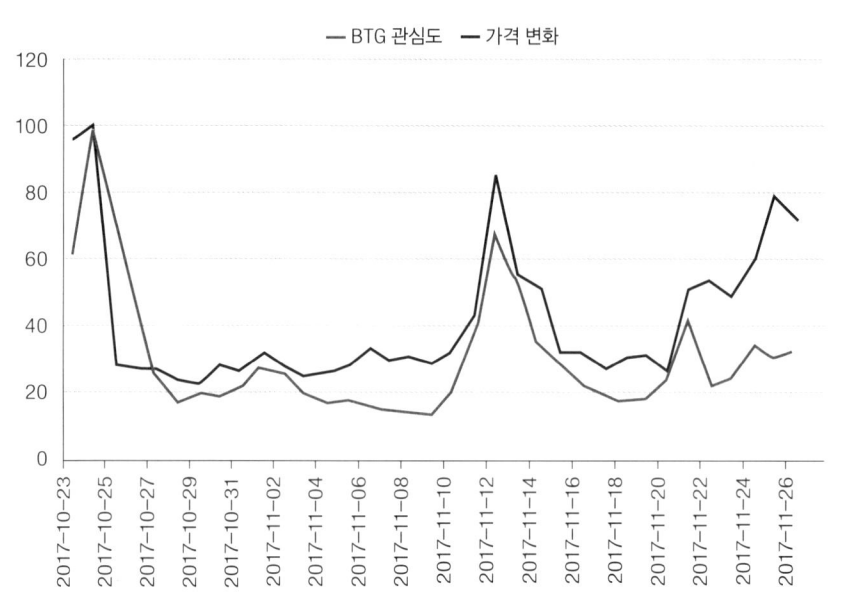

BTG 가격과 구글 관심도

* 2017년 10월 24일의 가격을 100%로 함

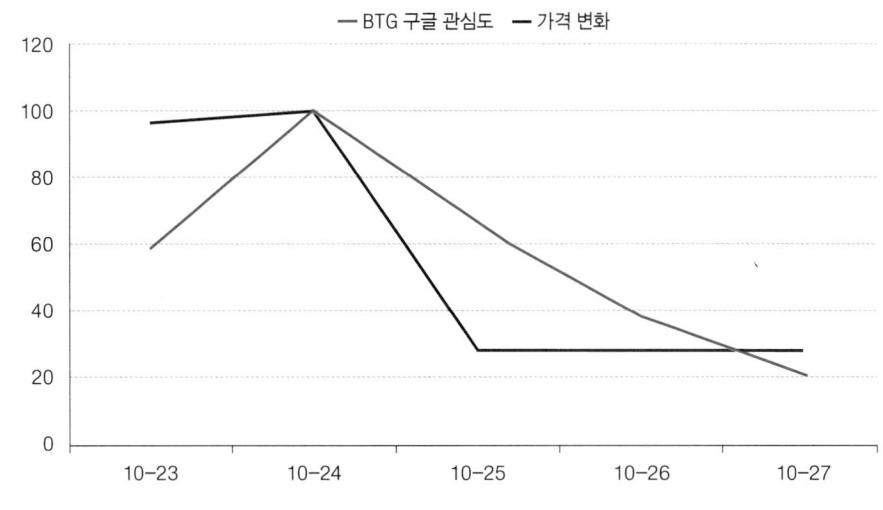

* 2017년 10월 24일의 가격을 100%로 함

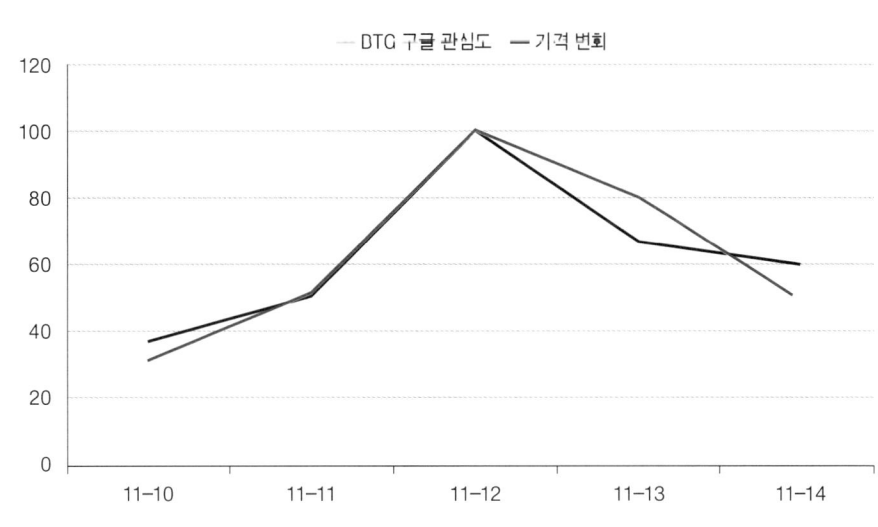

* 2017년 11월 12일의 가격을 100%로 함

BTG 가격과 구글 관심도: 2017년 11월 20~23일

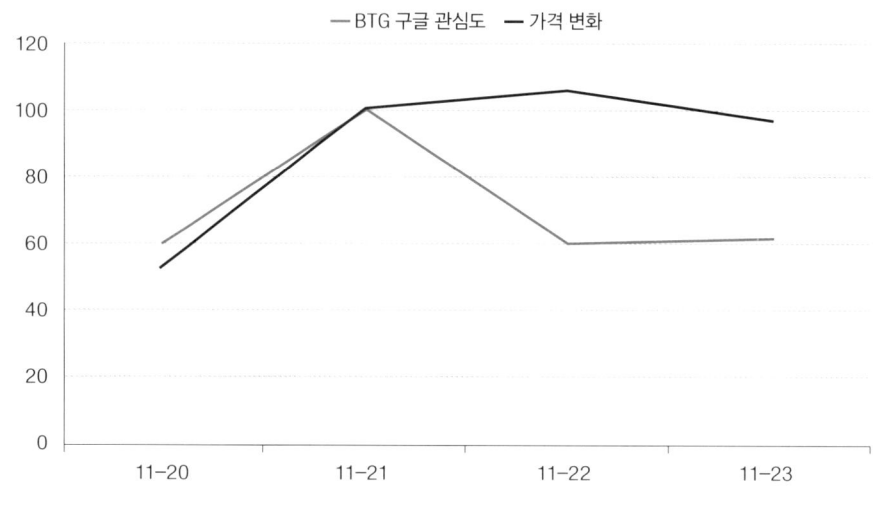

* 2017년 11월 21일의 가격을 100%로 함

BTG 지역별 관심도

* 색이 진할수록 관심도가 높음

03
라이트코인
Litecoin

소개

라이트코인Litecoin, LTC은 비트코인의 포크로, 작업증명 방식을 통해 블록을 생성하며 기존의 비트코인과 별개로 분리되는 체인입니다. 따라서 비트코인과 동일한 트랜잭션을 보유하지 않습니다. 비트코인이 금에 비유되는 것처럼 라이트코인은 은에 비유되는데, 은처럼 더 많이 쓰일 수 있도록 전송 속도가 빠르고 가벼운 버전의 코인을 만드는 것이 목표입니다.[1]

알트코인의 단점을 개선한 라이트코인

라이트코인은 비트코인을 중심으로 다른 알트코인Alt-coin[1]들의 장점을 취합해 만들어졌습니다. 프리마이닝이 과도했던 아이엑스코인ixcoin, 개발이 뜸했던 아이제로코인i0coin, 빠른 트랜잭션 시간을 나타냈지만 개발자의 부적절한 업데이트와 커뮤니티 내 행동으로 인해 개발자가 스스로 없애버린 솔리드코인SolidCoin, 사용자의 관심을 받지 못했던 페어브

1　알트코인: 일반적으로, 비트코인을 제외한 모든 암호화폐를 의미한다.

시가총액	코인명	최초 트랜잭션
1	비트코인	2009년 01월
2	이더리움	2015년 07월
3	비트코인캐시	2017년 08월
4	리플	2013년 08월(Coinmarketcap 등장)
5	라이트코인	2011년 10월
6	이오타	2017년 01월(Coinmarketcap 등장)
7	대시	2014년 01월
8	모네로	2014년 04월
9	넴	2015년 03월
10	비트코인골드	2017년 11월

* 2017년 12월 14일 기준

릭스^{Fairbrix} 등 실패한 알트코인들의 단점을 해결하기 위해 만들어졌습니다.[2]

이를 위해 프리마이닝을 최소화했으며, 오픈 전에 모든 소스코드를 공개하여 자신감을 보이는 등 커뮤니티에 신뢰감을 주고자 노력했습니다. 알트코인의 출시 초반에 해시가 지나치게 낮으면 51% 공격의 위험성이 존재합니다. 하지만 다행히 많은 해시가 유입되어 공격의 위험성은 하락했습니다.

참고로 51% 공격[2]은 비트코인 시절부터 제기된 공격 가능성 중 하나입니다. 판매자로부터 물건을 받고 암호화폐로 돈을 지급하는 경우에, 악의적인 구매자는 코인을 전송하지 않고도 전송한 것처럼 흔적을 남길 수 있습니다. n번의 컨펌^{Confirmation}을 기다린 후에, 판매자는 물건을 보냅니다. 만약 공격자가 이 시점에서 n개 이상의 블록을 찾아낸다면

---

2 51% 공격, 50% 공격, 다수 공격(Majority Attack)이라고도 한다. https://en.bitcoin.it/wiki/Majority_attack

새로운 포크를 만들어내고 코인을 얻을 수 있게 됩니다. 이 공격이 성공하기 위해서는 총 해시레이트가 절반을 초과해야 합니다. 이 경우 공격자는 나머지 채굴자를 전부 합친 것보다 블록을 빠르게 찾아내기 때문에 공격은 100% 확률로 성공하게 됩니다.

51% 공격을 방지하기 위해 컨펌 시간을 높이게 되면 51% 공격에 필요한 자원 소모를 높이게 되어 기회비용을 늘림으로써 51% 공격의 수익성이 없도록 유도할 수 있습니다. 51% 공격은 아직 비트코인에서는 한 번도 성공한 적이 없으며, 소규모의 알트코인에서 시연된 적은 있었습니다.

이처럼 라이트코인은 개발 초기부터 현재까지 암호화폐 커뮤니티와의 소통을 매우 중요하게 생각하고 있습니다. 처음 탄생한 것도 커뮤니티 사용자들이 원하는 방향의 코인을 만들기 위해서였으며, 현재도 트위터, TV 등을 통해 적극 소통하고 있습니다. 개발자 찰리 리^{Charlie Lee}는 트위터를 통해 자신이 적극적으로 의사 표현을 하는 이유 중 하나로 '비트코인 투자자를 라이트코인으로 끌어들이기 위한 목적'[3]이라는 트윗을 남기기도 했습니다.

오랜 역사를 가진 코인

라이트코인 최초의 블록은 2011년 10월에 생성되었습니다. 비트코인의 최초 블록 시점에서 2년도 지나지 않는 시기로, 코인 마켓 캡(2017년 12월 14일 기준) 10위권 내 코인 중에서 비트코인에 이어 2번째로 역사가 긴 코인입니다.

또 라이트코인은 2013년부터 꾸준히 전체 암호화폐의 시가총액(코인 마켓 캡)에서 2~5%의 점유율을 나타냈습니다.[4]

라이트코인의 마켓 캡 비중

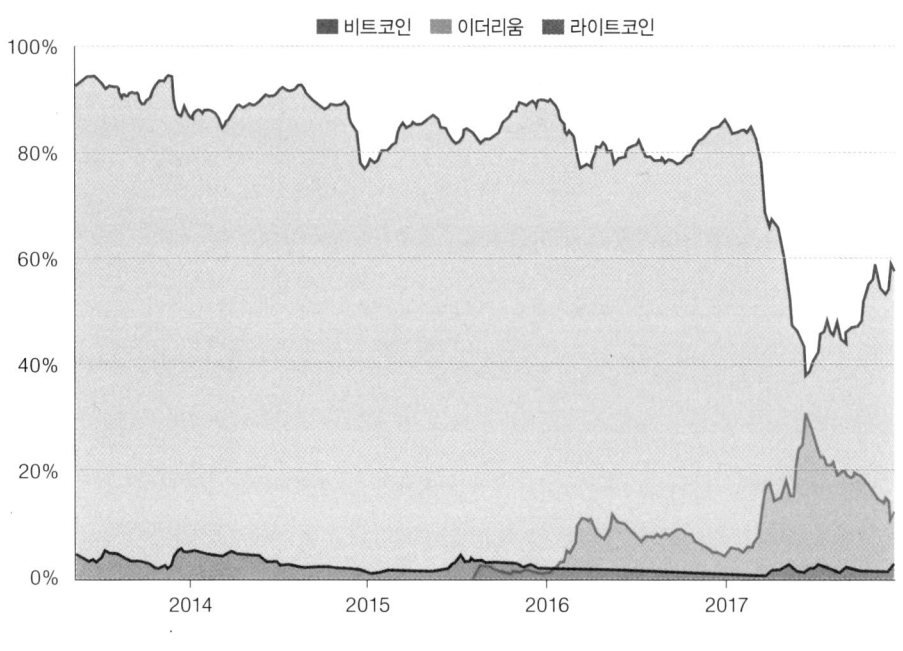

기본 정보

- 기준일: 2017년 12월 15일
- 가격: $254.97(USD)
- 마켓 캡: $13,847,174,438(USD, 5위)
- 24시간 거래량: $2,083,680,000(USD)
- 공식 홈페이지: https://litecoin.org/

개발진 및 경영진

라이트코인의 개발자인 찰리 리는 매사추세츠 공과대학에서 2000년에 컴퓨터공학 석사학위를 취득했습니다. 이후 구글의 소프트웨어 엔지니어로 5년 11개월간 일했고, 그러던 중 라이트코인을 개발했습니다. 이어 미국 샌프란시스코에 위치한 코인베이스^{CoinBase} 거래소에서 4년 이상 일했습니다. 또 그는 비영리단체 라이트코인재단을 싱가포르에 적법하게 설립했습니다.[5]

찰리 리의 특징은 개발자인데도 불구하고 대중들과의 소통에 적극적이며, 암호화폐 관련 이슈가 발생할 때마다 자신의 의견을 과감하고 구체적으로 소통한다는 점입니다. 대표적으로 비트코인의 세그윗2X^{SegWit2X}를 공개적으로 반대했는데, 결과적으로 비트코인에 세그윗2X를 적용하는 것은 무산되었습니다.

라이트코인 트위터 근황

2017년 12월 15일 기준 찰리 리의 트윗 수는 7,611개, 팔로워는 347,571명을 기록하고 있습니다. 또 다른 유명 개발자인 비탈릭 부테린$^{Vitalik\ Buterin}$의 팔로워는 365,721명이고, 트윗 수는 5,355개입니다. 팔로워 수는 비슷하지만, 찰리 리의 트윗 수가 2,000개 이상 많습니다. 이 수치는 찰리 리가 라이트코인의 개발 이념에 걸맞게 대중과 많은 소통을 했다는 사실을 확인할 수 있습니다.

최근 3개월간 주요 트윗 내용

2017년 10월: 싱가포르에서의 강연 소식, 위키리크스^{WikiLeakes}에서 라이트코인을 결제수단으로 추가했다는 소식, 코인베이스 거래소의 비트코인 세그윗2X 하드포크에 대한 대응 전망, 모비 월렛$^{Mobi\ Wallet}$의 라이트코인 지원 소식

2017년 11월: 비트커넥트에 대한 의견 발표, 세그윗2X에 대한 비판, 밈블윔블^{MimbleWimble}에 대한 의견, BCH의 난이도 조정에 대한 전망, 마운트곡스 거래소 사태로 인해 압수된 자금에 대한 견해, 트레저^{Trezor} 지갑의 라이트코인 지원 소식

2017년 12월: 미국 방송사 CNBC의 패스트 머니$^{Fast\ Money}$ 프로그램 출연. 라이트코인 직불카드$^{Debit\ Card}$ 탄생

분석 ①

찰리 리는 라이트코인의 개발 소식뿐 아니라 다른 코인을 비롯해 암호화폐 전반 등 다양한 분야의 트윗을 하루에도 수차례 이상 올리고 있습니다. 암호화폐의 불필요한 업데이트는 과감하게 비판하며, 암호화폐 업계의 미래에 대해서도 커뮤니티 이용자들과 적극적으로 소통합니다.

2017년 11월, 비트코인 개발진은 악화된 여론에도 불구하고 세그윗2X를 억지로 진행하다가 철회하게 됩니다. 반면 라이트코인은 개발자 찰리 리의 적극적인 여론 반영을 통해 한발 빠른 세그윗 업데이트, 라이트닝 네트워크 테스트 등을 통해 비트코인과는 달리 이용자들이 원하는 방향의 발전을 꾀하고 있습니다.

개발 활성 정보 분석(깃허브)

2017년 12월 14일 기준 라이트코인의 깃허브 페이지[6]의 총 커밋 횟수는 14,762건이며, 마지막 커밋은 9월 27일이었습니다. 7~9월의 커밋을 정리해보면 하루 평균 커밋 횟수는 4.53개였으며, 평균적으로 커밋은 1.58일마다 업로드되었습니다. 커밋을 올린 날짜의 평균 커밋 수는 7.12를 나타냈습니다.

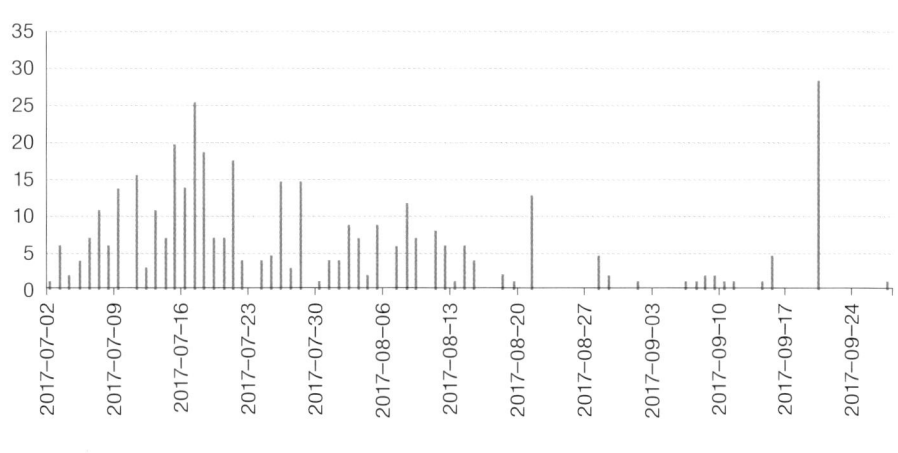

2017년 7~9월 LTC 커밋

분석 ②

9월 27일 이후 커밋 횟수는 0건을 나타내고 있습니다. 하지만 같은 기간 가격은 9월 27일 $56.28(USD)에서 12월 13일 $302.6(USD)로 5배 이상 상승했습니다. 비록 추가 개발 이력은 보이지 않았지만, 그동안 쌓인 개발 진행에 대한 신뢰성과 라이트코인의 안정성으로 가격이 오른 것으로 예상됩니다. 또 최근에는 풀타임 개발자가 채용되어 기대를 모으기도 했습니다.

하지만 최근 3개월간의 커밋 횟수가 0건이라는 사실은 충격적이며, 라이트코인이 앞으로도 발전하기 위해서는 소스코드[3]의 끊임없는 개선과 새로운 기능에 대한 업데이트가 필요하다고 생각합니다.

---

3   소스코드(Source Code): 프로그램의 근간이 되는 것으로, 프로그래머가 생성한다. 프로그래머는 C 언어 등의 컴퓨터 언어로 소스코드를 입력한다.

거래소

2017년 12월 14일 기준 LTC는 지닥스^{GDAX}에서 가장 높은 거래량을 나타내고 있습니다. 지닥스는 코인베이스에서 제작한 거래소로, 코인베이스는 LTC 개발자 찰리 리가 5년 이상 일하던 곳으로 각별한 인연을 갖고 있습니다.

지닥스는 기존 코인베이스 거래소 서비스의 이름을 바꾼 것으로, 전문적 거래를 위한 플랫폼입니다.[7] 반면 코인베이스는 소비자들이 쉽게 암호화폐를 사고팔 수 있도록 하는 플랫폼입니다. 라이트코인의 경우 상위 15개 거래소 중 국내 거래소가 2개를 차지하며 12.56%가량의 점유율을 나타내고 있습니다.

LTC 거래소 순위

순위	거래소명	거래쌍	24h 거래량	가격	점유율
1	GDAX	LTC/USD	$655,077,000	$312.14	21.31%
2	Bithumb	LTC/KRW	$346,158,000	$311.59	11.26%
3	Bitfinex	LTC/USD	$324,523,000	$297.00	10.56%
4	OKEx	LTC/BTC	$214,366,000	$300.72	6.97%
5	Bittrex	LTC/BTC	$169,350,000	$302.19	5.51%
6	Poloniex	LTC/BTC	$145,772,000	$302.01	4.74%
7	Binance	LTC/BTC	$123,768,000	$300.34	4.03%
8	OKEx	LTC/USDT	$112,828,000	$291.37	3.67%
9	Huobi	LTC/USDT	$93,085,200	$293.06	3.03%
10	GDAX	LTC/BTC	$92,880,000	$308.38	3.02%
11	Bitfinex	LTC/BTC	$86,196,800	$301.27	2.80%
12	Bitstamp	LTC/USD	$67,083,400	$296.50	2.18%
13	GDAX	LTC/EUR	$46,849,200	$310.91	1.52%
14	Coinone	LTC/KRW	$39,989,900	$309.98	1.30%
15	Bit-Z	LTC/BTC	$38,316,800	$301.05	1.25%

* 2017년 12월 15일 기준

주요 가격 변화

2013년

2013년 11월 25일 유명 코인 투자자 맥스 카이저Max Keiser의 라이트코인 상승 의견[8]이 제시되었습니다. 코인 가격은 순식간에 저점 수준에서 10배 이상 상승했고, 이에 대해 여러 가지 이유가 추론되었습니다.

암호화폐 미디어 〈코인데스크〉는 2013년 11월의 상승[9]의 이유에 대해 3가지 이유를 제시했습니다. 첫 번째는 맥스 카이저의 라이트코인 가격 상승 의견 때문에 투자자들의 관심이 집중되어 가격이 순간적으로 상승했다는 것입니다. 두 번째는 BTC보다 상대적으로 상승하지 않았던 저가의 LTC를 BTC로 구매하려는 수요가 많기 때문이라는 분석입니다. 세 번째 가능성은 곧 BTC처럼 상승할 것으로 기대한 투자자들이 증가했기 때문이라는 의견입니다.

하지만 라이트코인에 관한 충분한 분석 없이 상승한 가격은 점차 하락하기 시작했으며, 얼마 후 이전 수준으로 되돌아가고 말았습니다.

2015년

2015년 6월 1일 $1.64(USD)이던 라이트코인은 2015년 7월 10일 $7.53(USD)로 5주 만에 4.59배 상승하는 흐름을 나타냈습니다. 특별한 호재가 없던 라이트코인이 갑작스럽게 상승하자, 여러 코인 미디어에서는 앞 다투어 중국 세력이 라이트코인을 펌프 앤 덤프Pump and Dump4 했다는 의혹[10]을 2015년 7월 6일에 제기했습니다.

하지만 라이트코인의 가격 상승은 이번에도 일시적이었으며, 전반

---

4 펌프 앤 덤프: 코인의 가격을 일시적으로 상승시켜서 매도하는 것. 펌프는 코인 가격을 상승시키는 행동을 말하며, 덤프는 코인을 단기간에 대량 매도하는 것을 말한다.

적인 가격이 약간 상승하긴 했으나 큰 상승은 아니었습니다. 2016년에는 꾸준한 횡보세가 이어졌습니다.

2017년 상반기

2017년 5월 10일에 라이트코인에 세그윗이 적용[11]되었고, 2017년 5월 11일에 세계 최초로 라이트코인 메인넷에서 라이트닝 네트워크 Lightning Network 를 통한 트랜잭션이 성공[12]합니다.

세그윗은 단기적으로 큰 변화가 없지만, 라이트닝 네트워크를 도입하기 위한 선결 과제이기 때문에 장기적인 호재였습니다. 라이트닝 네트워크가 정식으로 도입되면 트랜잭션 속도가 비약적으로 향상됩니다.[13] 그렇기 때문에 비트코인, 이더리움 등 느린 전송 속도로 어려움을 겪었던 다른 코인들도 라이트닝 네트워크 도입을 위해 노력하는 상황입니다. 따라서 라이트코인의 트랜잭션 성공은 암호화폐의 기술 발전이라는 더 큰 의미를 내포합니다. 결과적으로 세그윗과 라이트닝 네트워크 트랜잭션 성공 이후 라이트코인의 가격은 이후 점진적으로 상승하게 됩니다.

2017년 하반기

2017년 하반기에 라이트코인은 지속적인 상승 흐름을 나타냈습니다. 2017년 8월 늘어난 중국과 한국의 라이트코인 투자 비중과 세그윗 업데이트 등으로 고점을 돌파할 수 있었습니다.[14]

찰리 리는 2017년 12월 11일 CNBC 방송에 출연[15]하여 암호화폐 전반에 대한 견해를 피력했습니다. 그 같은 주에 라이트코인 가격은 상당히 상승합니다. 찰리 리는 2017년 8월에도 미국 방송사 CNBC와의

2017년 12월 11일 찰리 리의 CNBC 〈Squawk Box〉 출연 당시 모습

인터뷰에 출연한 적이 있었으나 당시의 파급력은 적었습니다.[16] 하지만 2017년 12월에는 비트코인 선물 거래 도입5으로 인해 암호화폐 시장으로 유입되는 투자금이 증가했으며 비로소 라이트코인의 가치를 깨달은 투자자들이 투자를 시작했다고 언론사 〈포브스Forbes〉[17]는 추측했습니다.

또 코인베이스가 최근 애플 앱스토어Apple AppStore 다운로드 1위였던 유튜브 애플리케이션을 제치고 1위를 기록할 정도로 인기를 끌고 있다는 점도 또 하나의 이유라고 설명했습니다. 코인베이스는 비트코인, 이더리움, 라이트코인 등 3가지의 암호화폐만을 취급하기 때문에 라이트코인의 수요가 증가하여 가격이 상승했다는 분석입니다. 결과적으로 라이트코인은 2017년에만 70배 상승하는 엄청난 성장세를 나타냈습니다.

---

5   비트코인 선물 거래: 시카고 상품 거래소(CME Group)-2017년 12월 18일부터, 시카고옵션거래소(CBOE)는 12월 10일부터 거래를 개시했다.

LTC 가격 변동: 2013년 4월 28일~2016년 12월 31일

LTC 가격 변동: 2017년 1월 1일~12월 13일

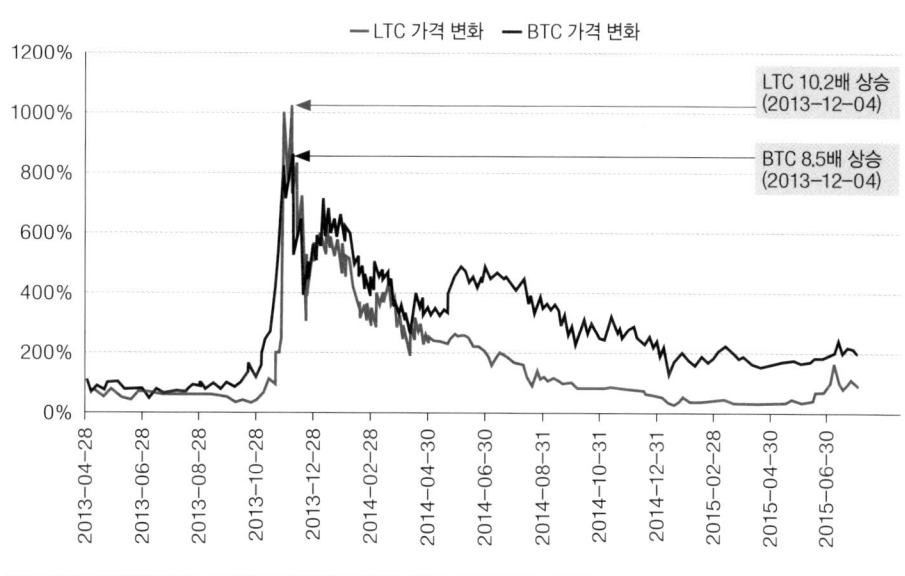

LTC, BTC의 상대적 가격 변화: 2013년 4월 28일~2015년 8월 6일

* 2013년 4월 28일의 가격을 100%로 함

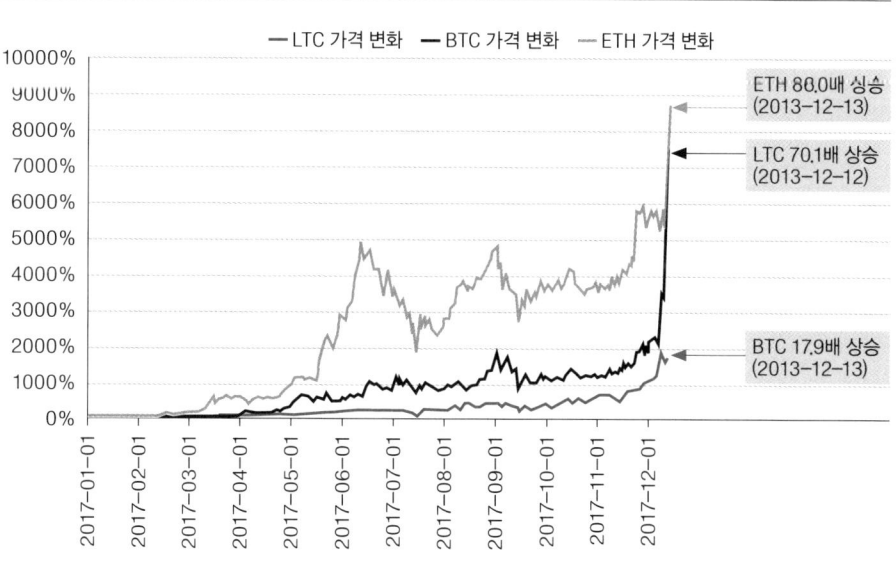

LTC, BTC, ETH의 상대적 가격 변화: 2017년 1월 1일~12월 13일

* 2017년 1월 1일의 가격을 100%로 함

라이트코인의 자금 조달
기부와 상품 판매

라이트코인의 자금 조달은 채굴로 시작되었습니다. 프리마이닝을 통해 150LTC만을 확보했으나 매우 미미한 수준이었습니다. 그 외에도 라이트코인은 기부 및 상품(티셔츠, 머그잔 등)으로 별도의 수익을 얻고 있습니다. 라이트코인 재단의 재무 보고서에 따르면 순이익$^{Net\ Income}$은 $138,874(USD), 순자산$^{Net\ Asset}$은 $241,616(USD)를 나타냈습니다.[18] 우리 돈으로 환산하면, 환율 1,087원 기준으로 순이익 약 1억 5,000만 원, 순자산 약 2억 6,000만 원을 기록했습니다.

분석

라이트코인의 개발진은 다른 암호화폐와 비교하면 순이익 규모가 작은 편이고, 마켓 캡이나 유명세에 비하여 상당히 낮은 수준의 예산 규모를 나타내고 있습니다. 자금이 부족하여 풀타임 개발자 고용도 수년간 미루었다가 2017년 7월 1일에서야 기부금을 통해 1명의 개발자를 고용할 수 있었습니다.[19] 비트코인은 적어도 3명[20]의 풀타임 개발자를 보유하고 있으며, 대시가 2017년에만 6명의 풀타임 개발자를 추가 고용[21]했던 것에 비해 라이트코인은 상대적으로 다른 암호화폐 개발진보다 풀타임 개발자의 숫자가 적었습니다. 라이트코인의 시가총액은 지속적으로 성장하고 있으나, 그에 걸맞지 않은 개발 자금은 커뮤니티의 신뢰를 약화시킬 수 있습니다. 앞으로 충분한 개발 자금을 확보하고 개발 과정을 투명하게 공개해야 라이트코인의 지속적인 발전이 가능하다고 생각합니다.

채굴

현재 채산성

일반적으로 채굴기는 GPU 및 에이직으로 분류되며, 라이트코인의 경우 GPU 채굴은 채산성이 좋지 않아서 채굴할수록 손해입니다. 가장 유명한 라이트코인 에이직은 앤트마이너 L3+이며, 해시레이트는 약 500MH/s입니다. 12월 14일 오후의 채굴 보상은 전기료와 임대료를 제외하면, 하루에 약 26,000원가량의 수익이 발생하며, 예상 채굴량은 0.0829개입니다.

앤트마이너 L3+의 중고 가격은 현재 360만 원으로, 약 140일 이후가 손익분기점입니다. 12월 14일 기준으로 라이트코인과 동일한 해시 방식인 스크립트를 사용하는 아인슈타이늄(EMC2)은 $24.34, 핑크 코인[PINK]은 $23.49, 링스[LINX]는 $23.18의 채굴 보상을 나타내고 있습니다.[22]

Pool	Speed
Antpool	25,506GH/s
LitecoinPool.org	18,190GH/s
F2Pool	15,818GH/s
LTC.top	14,631GH/s
ProHashing	6,920GH/s
ViaBTC	6,327GH/s
BW.com	5,932GH/s
LQoMbJnzRK...	1,780GH/s
BTCChina	989GH/s
TBDice.org	989GH/s

마이닝 풀

2017년 12월 14일 현재 총 해시는 약 88.9677TH/s를 나타내고 있으

LTC 해시레이트 변동: 2017년 1월 1일~12월 14일

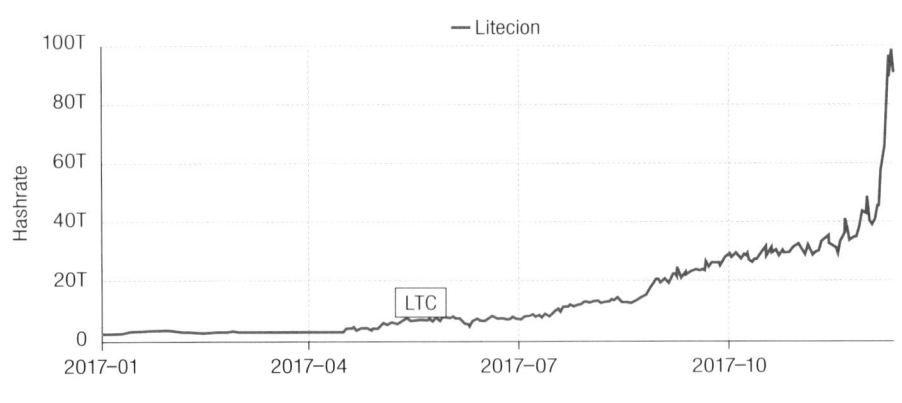

며, 주요 마이닝 풀의 해시레이트는 위 그림과 같습니다.

블록 리워드 및 통화 공급량

계획된 블록 리워드는 1블록당 25LTC이며, 블록 타임은 2.5분입니다. 총 8,400만 개까지 발행될 예정이며, 현재까지 5,400만 개가 발행되었습니다. 설계대로라면, 하루에 576개의 블록과 14,400개의 LTC가 생성됩니다. 한 달에는 약 432,000개, 1년에는 약 5,184,000개의 LTC가 만들어지게 됩니다. 또 블록 리워드가 절반으로 감소하는 '반감기'라는 것이 있는데, 약 4년마다 발생합니다.

> 1시간의 분^{minute} × 1일의 시간 = 1일의 분: 60×24 = 1440분
> 1일의 분/블록 타임 = 하루의 블록 횟수: 1440분/2.5분 = 576번
> 하루의 블록 횟수 × 블록 리워드^{Reward}: 576×25 = 14,400LTC
> 하루×30 = 한 달, 한 달×12 = 1년

해시레이트와 난이도

해시레이트와 난이도가 같은 방향으로 변동하는 것을 확인할 수 있습니다. 특히 라이트코인의 가격이 급상승한 2017년 12월에 해시레이트도 폭등했습니다.

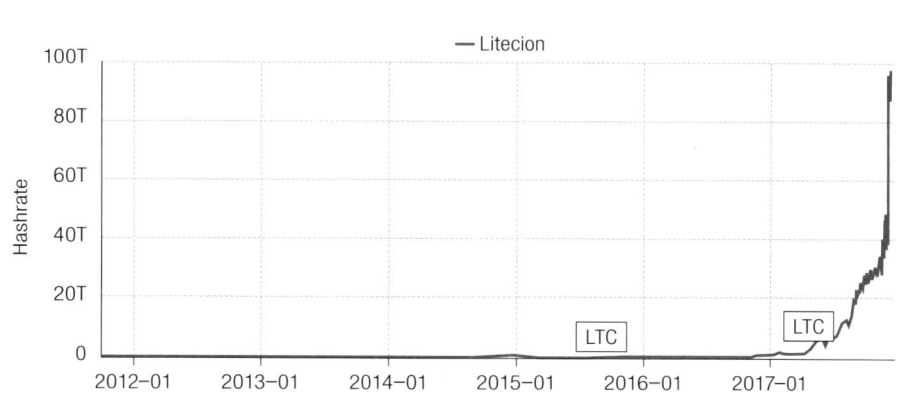

LTC 해시레이트 변동

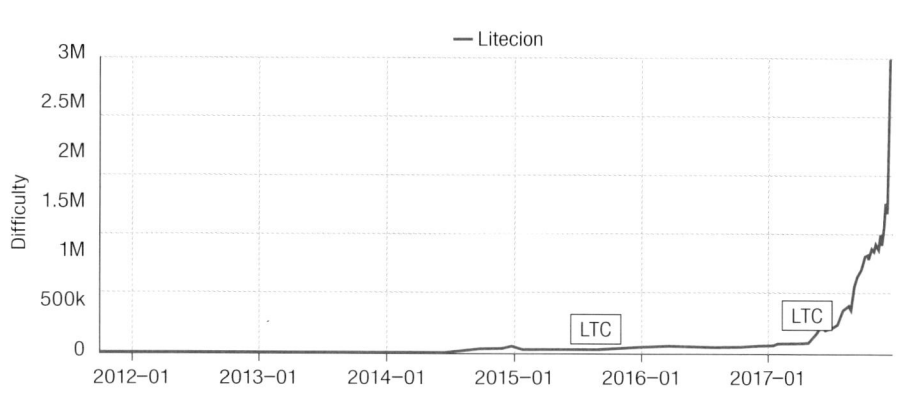

LTC 난이도 변동

구글 트렌드 변화

라이트코인의 검색량(구글 관심도)은 가격 변화와 밀접한 관계를 나타내고 있습니다. 2013~2014년에는 구글 관심도가 가격의 변화보다 선행적인 흐름을 나타냈습니다.

특히 캐나다와 미국 등 북미 지역의 관심도가 높습니다. 라이트코인의 개발자가 미국 출신이며, 그가 일해온 코인베이스 거래소도 미국에 위치한 영향이 크다고 생각합니다.

LTC 가격과 구글 관심도: 2013년 4월 28일~2014년 10월 4일

* 2013년 12월 4일의 가격을 100%로 함

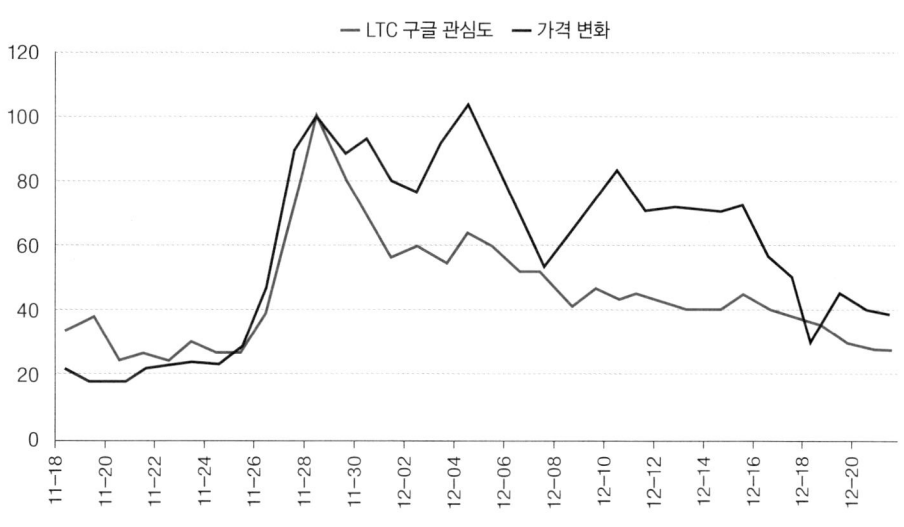

* 2013년 11월 28일의 가격을 100%로 함

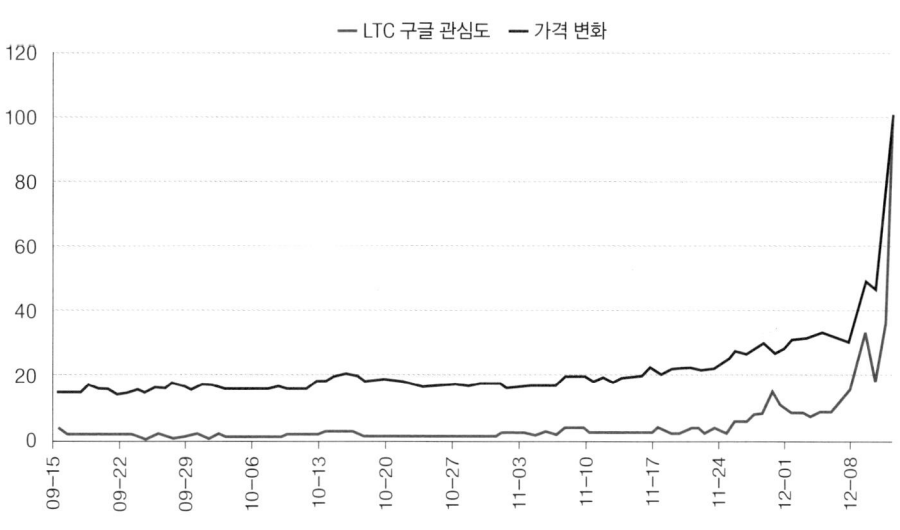

* 2017년 12월 12일의 가격을 100%로 함

LTC 가격과 구글 관심도: 2017년 11월 24일~12월 12일

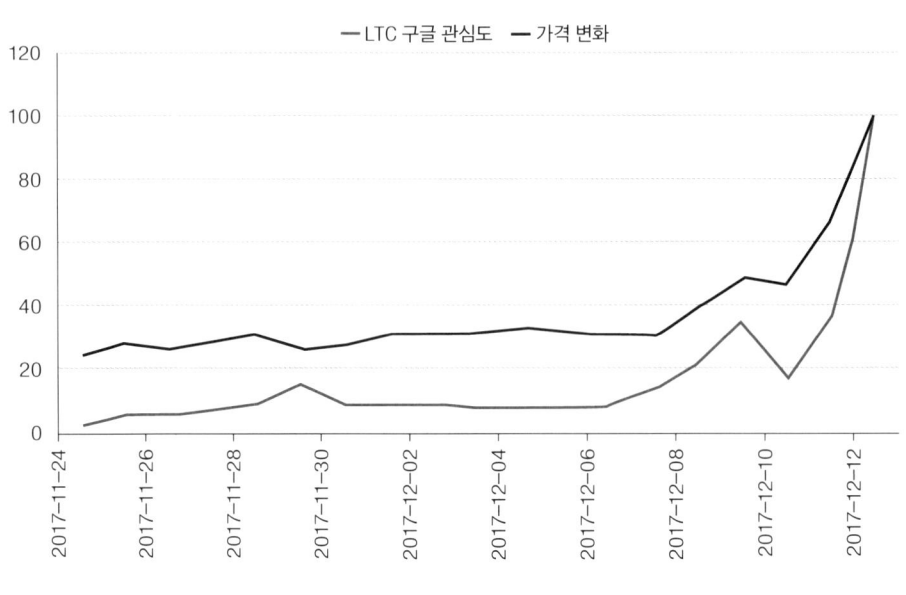

* 2017년 12월 12일의 가격을 100%로 함

LTC 지역별 관심도

순위	국가	관심도
1	미국	100
2	네덜란드	99
3	캐나다	80
4	싱가포르	80
5	아일랜드	80

* 색이 진할수록 관심도가 높음

04
대시
DASH

소개

대시는 2014년 1월 18일에 개발자 에반 더필드 Evan Duffield[1]에 의해 만들어졌습니다. 원래 엑스코인 XCoin이라는 이름으로 출발했으나, 2014년 2월에 다크코인 DarkCoin이라는 이름으로 변경되었습니다.[2] 대시라는 이름은 'Digital+Cash'의 합성어이며, 현금의 특징인 익명성과 빠른 거래를 디지털 세계에서 구현하는 것이 주요 목적입니다.

에반 더필드는 비트코인[1] 트랜잭션이 송금 주소, 송수신자 등 주요 개인 정보가 모두에게 공개되어 익명성이 부족하고, 전송 속도가 느리다는 문제점을 깨달았습니다. 이를 극복하고자 여러 개선 방법을 고안했지만, 비트코인의 개발진이 자신의 의견을 받아들이지 않을 것이라 생각하고 결국 대시라는 새로운 코인을 만들게 되었습니다.

익명성

대시의 익명성은 '사생활 보호 전송 Private Send[2] 기술을 사용하여 보

---

1 비트코인(Bitcoin): 가장 먼저 등장한 암호화폐. 암호화폐 중 가장 높은 시가총액을 나타낸다.
2 예전에는 'DarkSend'라고 불렸다.

DASH의 사생활 보호 전송 과정

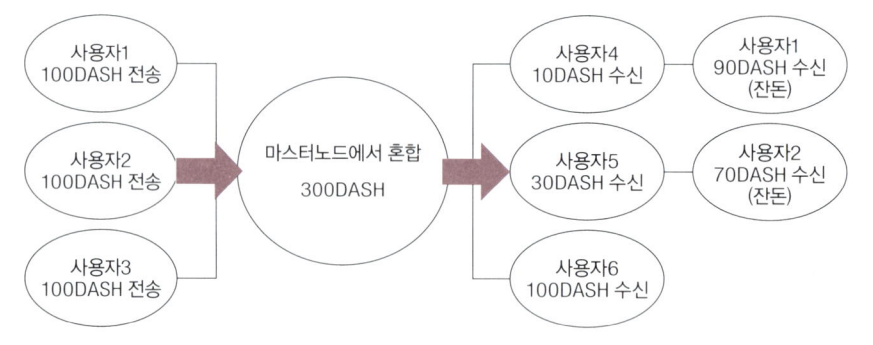

* 출처: 대시 백서(White Paper)

장됩니다.[3] '사생활 보호 전송' 기술은 전송되는 코인을 작은 단위 denomination(1, 10, 100대시 등의 작은 단위)로 여러 개 나눈 뒤, 마스터노드 MasterNodes에 전송합니다. 마스터노드는 같은 단위로 전송되는 3명으로부터 각각 코인을 수령하고 한데 모아서 혼합합니다. 만약 기본 단위보다 부족할 경우에는 '거스름돈Change'을 더해서 단위를 일정하게 만듭니다. 이 한 번의 과정을 라운드라고 하며, 송신자는 라운드 횟수를 1에서 8까지 조절할 수 있습니다. 라운드가 진행될 때마다 비용이 발생하며,[4] 그 비용은 채굴자Miner와 마스터노드에게 지급됩니다. 마스터노드 입장에서 보상을 받게 되므로 악의적 마스터노드의 출현을 방지하게 됩니다.

마스터노드

마스터노드의 의미

마스터노드는 대시만의 독특한 시스템입니다. 일정한 자격 요건에 따라 마스터노드로 대시 네트워크에 기여할 수 있으며, 대시의 여러 기능을 위해서 필수적인 존재입니다.

마스터노드의 4가지 자격 조건

마스터노드가 되기 위해서는 4가지 자격 조건을 만족해야 합니다. 우선 1,000대시(2018년 1월 3일 기준 약 15억 원)를 보유하고 있어야 합니다. 두 번째로 리눅스가 설치된 서버나 가상 서버가 필요합니다. 세 번째로는 고정 IP가 필요합니다. 마지막으로 대시 프로그램을 설치해야 합니다.[5]

이 조건들을 만족하지 못할 경우에도 마이닝 풀과 유사한 '마스터노드 호스팅 서비스'를 이용하여 마스터노드로 활동이 가능합니다. 마스터노드 호스팅 서비스는 1,000대시를 보유하지 못한 이들이 모여서 1,000대시 이상으로 구성한 뒤에, 마스터노드로 활동했을 때의 보상을 얻는 것입니다. 2018년 1월 3일 현재 기대 수익은, 25대시(2018년 1월 3일 기준 약 4,000만 원)를 보관할 경우에 0.13782076대시(약 20만 원)가 보상으로 지급되며 1달에 0.5%가량의 수익률을 나타내고 있습니다.[6]

'마스터노드 호스팅 서비스'는 전체 마스터노드의 0.1퍼센트 이하를 차지하고 있으며, 마스터노드 호스팅 서비스를 통한 투표는 불가능합니다.

마스터노드의 3가지 기능

주요 기능은 '사생활 보호 기능'와 '빠른 코인 송수신'입니다. 여기에 세 번째 기능으로 대시의 월간 예산에 대한 집행 결정 권한이 있습니다.[7]

대시의 채굴 보상 중 10%는 대시 개발팀에게로 배분됩니다.[3] 분배된 대시의 사용은 1달에 1번씩 발생하며, 여러 안건 중 마스터노드가 투표하여 10% 이상의 득표를 얻은 안건에만 자금이 지원됩니다.

비트코인의 경우 블록 사이즈 업그레이드에 대해 많은 잡음이 있었고, 1년 이상의 논쟁이 발생했습니다. 하지만 대시는 2016년 마스터노드의 합의에 따라 대시의 2MB[4] 블록 사이즈 업그레이드 방안이 불과 24시간 내에 진행하는 것으로 결정됐습니다.[8]

진행하기로 결정한 안건들의 대표적인 사례로는 '대시 ATM' 설치, 대학에서의 마케팅, 암호화폐의 홍보를 위해 소량의 대시를 나누어 주는 것, 비행 중 대시의 광고(모니터) 등이 있습니다.[9]

대시에서 이루어지는 의사결정은 비트코인보다 '탈중앙화된 자율조직DAO, Decentralized Autonomous Organization'에 조금 더 가깝습니다. 비트코인의 경우 해시 파워를 통한 투표가 가능하지만, 소수의 전문 개발자들이 개발을 주도하고 있습니다. 또한 마이닝 풀의 영향력이 크기 때문에 개인 채굴자들이 자신의 의사를 표현할 방법은 부족합니다.

대시는 마스터노드들에게 10% 이상의 표를 얻으면 여러 안건을 진행할 수 있어 다양한 아이디어를 실현할 수 있습니다. 또 최근 상승한 대시의 가격으로 인하여 충분한 투자금이 꾸준히 공급되고 있습니다.

한계점은 마스터노드가 아닌 투자자가 소외된다는 점입니다. 마스터노드가 되기 위한 조건인 1,000대시(약 15억 원)의 투자금은 상당히 큰 금액이며, 비슷한 기능인 '마스터노드 호스팅 서비스'는 투표가 불

---

3   대시의 채굴 보상(Mining Reward)의 45%는 채굴자(Miner)에게, 45%는 마스터노드에게, 나머지 10%는 대시 팀에게 배분된다.
4   메가바이트: 컴퓨터에서 저장되는 파일의 용량의 단위.

가능합니다.

이러한 한계점에도 불구하고 대시를 1,000개 이상 보유하는 투자자들은 당연히 대시의 가치가 극대화되는 방향으로 의사결정을 할 것이기 때문에 합리적인 방향으로 대시가 발전할 가능성이 클 것으로 예상됩니다.

빠른 전송 속도

대시의 빠른 전송은 '즉시 전송^{Instat Send}(예전에는 InstantX라고 불림)' 기술을 통해 구현됩니다.[10] 비트코인과 같은 전형적인 블록체인의 경우 이중 지불^{Double Spending} 등을 방지하기 위해 컨펌을 기다려야 하며, 보안이 요구되는 트랜잭션일수록 컨펌 횟수가 증가하게 됩니다. 따라서 적은 금액의 전송도 블록 타임인 10분 정도가 소요되며, 컨펌 횟수가 늘어남에 따라 1시간이 지난 후에야 전송이 완료되기도 합니다.

반면 대시는 비트코인에 비해 상대적으로 전송 속도가 빠른데, 이것은 대시만의 마스터노드 네트워크 때문에 가능합니다. A라는 사용자가 대시를 전송하게 되면 자격 있는 마스터노드들이 트랜잭션을 승인하고, 합의 과정을 거치게 됩니다. 물건의 판매자(코인 수신자)는 고객으로부터 '코인을 전송했다는 소식', '자격 있는 마스터노드가 공인했다는 사실'을 통해 코인의 수신을 완료합니다. 만약 사용자 A가 이중 지불을 하면 네트워크에 의하여 거부당합니다.

또 2014년부터 다년간 많은 트랜잭션이 진행되는 과정에서 다양한 공격(Sybil Attack, Finney Attack, Transaction Locking Race Attack, Incomplete Locks, Multiple Consensus Messages 등)에 대한 저항성을 갖추고 있다는 점이 확인되었습니다.

대시와 다른 결제 서비스의 초당 처리량 비교

현재까지는 전통적인 결제수단의 트랜잭션 처리량이 블록체인 암호화폐의 처리량보다 월등히 높은 수치를 나타내고 있습니다. 2018년 1월 현재 대시의 블록 사이즈는 약 2MB를 나타내고 있으며, 커뮤니티 사용자에 의하면 트랜잭션 처리량은 56tps를 나타내고 있습니다.[11] 신용카드 회사인 비자VISA는 2,000tps⁵, 최대 24,000tps까지 지원할 수 있으며,[12] 온라인 결제 서비스를 제공하는 페이팔Paypal은 193tps[13]를 나타내고 있습니다.

암호화폐 중에서는 리플(1,500tps[14])이 상당이 빠른 처리량을 나타내고 있으며, 퀀텀(60~70tps[15]), 이더리움(28tps), 라이트코인(20tps), 비트코인(7tps)의 순서입니다. 특히 리플은 일부 중앙화된 '유효성 검사자Validator'를 사용하기 때문에 다른 암호화폐보다 빠른 속도를 보이며, 탈중앙화된 분산 암호화폐의 경우 아직 부족한 트랜잭션 처리량을 나타내고 있습니다.

대시는 빠른 전송 속도와 대중화를 목적으로 하고 있기 때문에 높은 트랜잭션 처리량(단위: tps)이 필수적입니다. 이를 위해 블록 사이즈를 지속적으로 증가시켜, 400MB까지 증가(4,000tps에 해당)시킬 예정입니다. 블록 사이즈가 400MB로 확장되고, 마스터노드의 최저 사양(SSD 사용, 용량 등)을 향상한다면 4,000tps까지 증가될 것으로 기대하고 있습니다.[16] 이러한 속도 향상은 비자 신용카드와 리플을 능가하는 수준입니다.

---

5   트랜잭션 처리량 단위로, 초당 트랜잭션 처리량을 가리킨다.

이처럼 대시가 트랜잭션 처리량을 높이기 위한 준비를 차근차근 하고 있다는 사실은 고무적입니다. 블록 사이즈가 일반적으로 2~10MB 정도인 현재 상황에서 400MB의 블록 사이즈는 상당히 과감한 시도입니다. 하지만 단지 많은 처리량만으로 코인이 완성되지는 않기 때문에 적절한 마케팅과 이용자 편의도 향상, 보안성 유지 등 다양한 부분에서 개발을 지속해야 코인의 가격이 앞으로도 상승할 것이라고 생각합니다. 대시는 상대적으로 풍부한 월간 자금을 활용하여 이러한 개발을 지속할 것으로 보입니다.

앞으로의 개발 일정

2018년 1월 4일 기준 대시코어DashCore 최신 버전은 0.12.2.2[17]이며, 주요 로드맵6은 아래의 표와 같습니다.[18]

날짜	프로젝트명	개요
2017년 9월	대시페이 월렛 알파	2MB 블록 사이즈 업그레이드(2017년 11월부터 유효)
2017년 11월	대시페이 에볼루션 월렛 테스트넷 릴리즈	에볼루션 계성 관리
2017년 12월	대시코어 1.2.3 릴리즈	에볼루션 알파를 파트너에게 릴리즈
2018년 2월	대시페이 에볼루션 월렛 테스트넷 릴리즈	라이브넷
2018년 6월	13.0 – 에볼루션 v1 메인넷	대시 에볼루션: 모든 사람들이 디지털 자산을 쉽게 이용할 수 있도록 하는 업데이트. 암호화폐에 관심이 없는 사람들도 이용하기 편리하도록 스마트폰, 라이트월렛, 판매자가 사용하기 편리한 업데이트 등을 계획 중.
추후 공지	14.0 – 에볼루션 v2	
	15.0 – 에볼루션 v3	

---

6 로드맵(Roadmap): 코인 개발 계획을 일정별로 구체적으로 정리한 것.

2017년 10월 이후 DASH 커밋

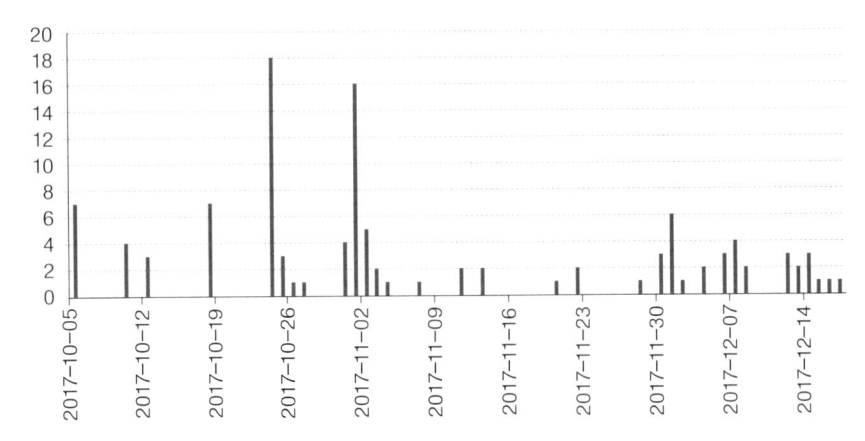

개발 활성 정보 분석(깃허브)

2018년 1월 2일 기준 대시의 최근 깃허브 페이지[19] 총 커밋 횟수는 13,647건[20]이며, 10월 이후의 커밋은 다음과 같습니다. 하루 평균 커밋 횟수는 1.54개였으며, 그 간격은 2.28일이었습니다. 커밋이 이루어진 날의 평균 커밋은 3.45건을 나타내었습니다.

기본 정보

- 기준일: 2017년 1월 05일
- 가격: $1,247.29(USD)
- 마켓 캡: $9,727,443,081(USD) (11위)
- 24시간 거래량: $288,252,000(USD)
- 공식 홈페이지: https://www.dash.org/

개발진 및 경영진

대시^{DASH}의 설립자는 에반 더필드입니다. 소프트웨어 개발, 기계학습[7], 인공지능[8], 데이터베이스, C++, C, 펄, PHP, MySQL, 리눅스^{Linux} 등의 전문가이며, 개발자로 10년 이상의 경력을 보유하고 있습니다.[21] 그는 2017년 4월 대시의 최고경영자 자리에서 물러났습니다.[22]

2018년 1월 현재 대시의 최고경영자는 라이언 테일러$^{Ryan\,Taylor}$입니다. 그는 1999년에 애리조나 주립대학교에서 경영학 학사학위를 취득한 후, 2003~2005년에 콜롬비아 대학교에서 MBA를 취득했습니다. 유명 복합 기업 하니웰에서 3년간 일한 후, 글로벌 컨설팅 기업 메킨지앤컴퍼니로 이직하여 약 7년간 일했습니다. 2016년부터 대시 팀에 합류했으며, 2017년 4월부터 최고경영자로 일하기 시작했습니다.[23]

거래소

2018년 1월 2일 기준으로, 유럽의 힛비티시^{HitBTC}(DASH/BTC)가 거래량의 17.11%를, 한국의 빗썸 거래소^{Bithumb}(DASH/KRW)가 12.72%, 홍콩의 바이낸스^{Binance}(DASH/BTC)가 9.69%를 기록하고 있습니다. 각각 2016년 8월 18일, 2017년 4월 29일, 2017년 10월 20일에 상장되었습니다.

---

7   기계학습(Machine Learning): 인공지능의 한 분야로, 컴퓨터에 명시적인 프로그램 없이 배울 수 있는 능력을 부여하는 연구 분야.
8   인공지능(Artificial Intelligence): 인간의 학습, 추론, 지각, 자연언어의 이해 능력 등을 컴퓨터 프로그램으로 실현한 기술.

DASH 거래소 순위

순위	거래소명	거래쌍	24h 거래량	가격	점유율
1	HitBTC	DASH/BTC	$30,332,700	$1,081.76	17.11%
2	Bithumb	DASH/KRW	$22,561,300	$1,414.29	12.72%
3	Binance	DASH/BTC	$17,179,700	$1,084.34	9.69%
4	YoBit	DASH/BTC	$12,326,800	$1,088.53	6.95%
5	Poloniex	DASH/BTC	$11,244,000	$1,078.03	6.34%
6	Bittrex	DASH/BTC	$11,183,900	$1,084.73	6.31%
7	Bitfinex	DASH/USD	$11,136,700	$1,062.30	6.28%

* 2018년 1월 2일 기준

주요 가격 변화

초반의 순조로운 상승: 런칭~2014년 5월 22일

이때 대시의 이름은 다크코인이었으며, 2014년 5월 15일경에 대시의 시가총액이 1주일 만에 3배 상승하는 급격한 상승세를 나타내었습니다.[24] 같은 달 19일에는 당시 시가총액 2위를 기록했던 라이트코인을 위협하기도 했습니다.[25] 상당히 급격한 가격 상승에 대해 '펌프 앤 덤프' 의혹과 함께 익명성이라는 특징 때문에 오른 것이라는 의견이 제시되었습니다. 이 기간 동안 대시 가격은 2014년 4월 11일에 0.548907$에서 2014년 5월 22일 11.23$로 20배 이상 상승했습니다.

다크웹에 대한 불안감: 2014년 5월 이후

대시는 2014년 5월 22일부터 고점을 기록한 이후 지속적으로 하락을 시작했습니다. 이 기간 동안 비트코인의 가격도 완만하게 하락했는데, 그 배경으로는 비트코인이 마약류, 불법 영상 등이 거래되는 일명 다크웹Dark-Web에서 지불 수단으로 사용된다는 점이었습니다. 특히 다크

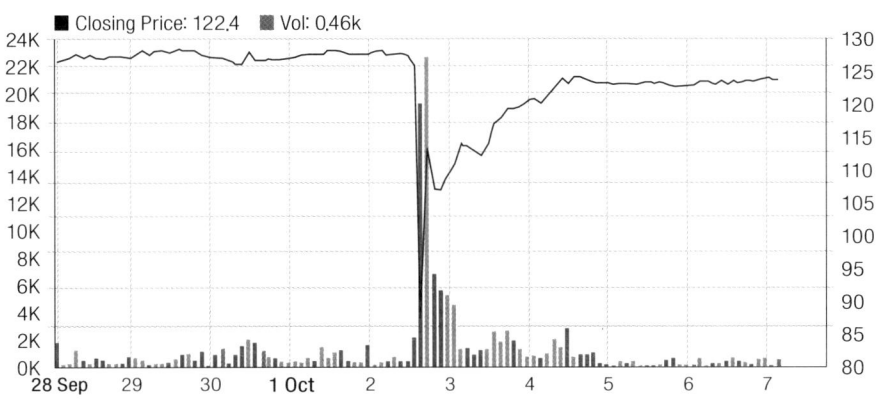

비트코인 가격(BTC/USD)이 순간적으로 하락한 모습

* 2013년 10월 7일 기준, 비트스탬프(BitStamp) 거래소

웹의 물물거래 시장으로 유명했던 실크로드Silk Road가 불법 거래로 FBI의 수사 대상이 되었고, 결국 실크로드 서비스가 2013년에 종료되었습니다. 이때 약 2,800만 달러의 비트코인도 함께 압류[26]당했으며, 이 비트코인은 공매되었습니다. 한편 실크로드에 100만 달러 이상의 비트코인을 매각한 찰리 슈렘Charlie Shrem[9]은 2014년 1월에 돈세탁 혐의로 뉴욕에서 체포되었으며, 12월에 2년형을 구형받았습니다.[27]

이런 악재로 비트코인의 시세가 하락하자 대시의 가격도 하락했습니다. 그렇지만 2014년 11월 6일 대시의 개발자 애반 더필드는 "비트코인도 맨 처음에는 범죄 수익 등 어두운 분야에 사용되었지만 점차 일반인들에게도 확산되었다"며, 대시(당시의 이름은 다크코인)도 범죄 수익과 같은 부정적 분야뿐 아니라 다양한 분야에서 활용될 수 있을 것이라고 언급했습니다.[28]

9   빗인스턴트(BitInstant)의 설립자. 빗인스턴트는 암호화폐를 통한 결제 서비스를 제공하던 업체로, 2011~2013년 동안 서비스가 제공되었다.

다크코인에서 대시로 이름 변경: 2015년 3월

다크코인의 익명성은 거래 추적을 어렵게 만들지만, '다크Dark'라는 이름은 일반인에게 거부감을 주기에 충분했습니다. 2015년 1월 13일에 다크코인에서 대시로 이름을 변경한다는 공지 사항이 게시되었고, 마침내 2015년 3월 25일 '디지털 캐시'라는 의미의 대시로 이름을 변경하게 됩니다.[29] 한 온라인 코인 전문 매체[10]에서는 대시로 이름을 바꾼 이유가 범죄나 나쁜 분야에 사용되는 돈뿐 아니라 일반인의 프라이버시를 지켜주는 코인으로 거듭나기 위함이라는 분석을 제시했습니다.[30] 이름을 바꾼 당시 대시의 가격이 3.4배 이상 상승했습니다.

완만한 상승세: 2016년

2016년 동안 대시는 완만한 상승을 지속했습니다. 2016년 1월에는 라마수 ATM 프로젝트Lamassu ATM Project와의 계약이 성사되었습니다. 라마수 측은 당시 세계 비트코인 ATM의 40%를 차지하고 있었으며, 이 계약으로 ATM 기기에서 비트코인과 함께 대시를 이용할 수 있게 됩니다.[31] 2016년 4월에는 듀얼마이너DualMiner, 핀아이디어Pinidea 사에 의해 대시 최초의 에이직ASIC이 등장했으며[32] 2016년 10월에는 컴펌 사와 파트너십[33]을 맺었습니다.

컴펌 사는 블록체인이 일반화될 경우를 대비하여 블록체인을 위한 KYC/AML 룰[11] 도입과 모니터링, 분석 서비스 등을 제공하고 있습니

---

10 코인텔레그레프
11 KYC 룰(Know-Your-Customer Rule): 고객의 자산 규모 및 과거 투자 경험 등의 정보를 통해 투자자 성향을 파악해야 한다는 규칙.
   AML 룰(Anti-Money Laundering): 돈세탁 방지 규칙. 단순한 입출금을 돈세탁으로 간주하기는 어렵고, 명시적인 기준도 중요하지만 규제자의 판단에 따라 달라질 수 있다.

다. 즉 대시가 목표로 하고 있는 광범위한 분야에서의 사용과 대중화와 일맥상통하는 파트너십입니다. 컨펌 사는 마이크로소프트, COSS.IO, CHRONOBANK.IO 등 다양한 협력사를 보유하고 있습니다.

대시의 지속적 상승: 2017년

대시는 2017년에도 꾸준히 상승했는데, 특히 2016년 11월~2017년 3월까지는 10배 이상의 급격한 상승을 나타냈습니다.

2017년 2월 24일에는 대시가 라이트코인과 모네로를 역전하여 코인 마켓 캡에서 시가총액 4위를 차지했습니다.[34] 암호화폐 전문지 〈코인데스크〉는 대시의 가격이 상승한 이유로 판매 물량이 부족했기 때문이라고 분석했으며,[35] 또 다른 암호화폐 매체 코인텔레그래프는 빠른 결제를 위한 개발 소식과 투기 수요 때문에 대시의 가격이 상승했다고 평가했습니다. 당시 블록페이BlockPay와의 파트너십을 통해 결제 속도를 향상한다는 개발 소식이 있었고, 투기 수요의 발생은 당시 대시의 최대 거래소이던 폴로닉스Poloniex의 공매도가 있었기 때문입니다.[36] 블록페이는 모든 암호화폐, 신용카드, 직불카드 등을 지원하여 암호화폐를 일상생활에서 사용할 수 있도록 하는 플랫폼[12]입니다.

찰리 슈렘과 앤트마이너의 등장

2017년 3월, 수감되었던 찰리 슈렘이 대시 앞에 모습을 드러냈습니다. 그는 대시를 통한 직불카드 도입 계획을 2017년 3월 20일에 제시했습니다. 월간 대시의 예산에서 승인을 받았으며, 450대시(당시 515,005달

---

12 플랫폼(Platform): 정보 시스템 환경을 구축하고 개방하여 누구나 다양하고 방대한 정보를 쉽게 활용할 수 있도록 제공하는 기반 서비스(표준국어대사전).

러)를 확보했습니다. 하지만 흥미롭게도 찰리 슈렘의 직불카드는 약속했던 2017년 8월의 기한을 훨씬 넘긴 2018년 1월까지도 개발 소식이 전해지지 않고 있으며, 오히려 다수의 다른 업체들이 대시를 지원하는 직불카드를 준비 중입니다. 물론 아직까지 어떠한 서비스도 완전히 상용화되지는 못했습니다.[37]

2017년 7월에는 채굴 장비 전문 제조업체 비트메인에서 대시의 알고리즘인 X11만을 채굴할 수 있는 앤트마이너 D3를 출시했습니다.[38] 실제 배송은 9월 말부터 시작되었으며,[39] 앤트마이너의 출시 이후 2017년에만 대시의 가격은 7배 이상 상승했습니다. 일반적으로 앤트마이너가 출시된 이후에 해당 코인의 가격은 상승하는 경향을 나타내왔습니다.

대시는 2015년 8월 7일부터 2017년 12월 31일까지 475.7배 상승했습니다. 같은 기간 이더리움과 비트코인의 상승률보다 높은 수준이었

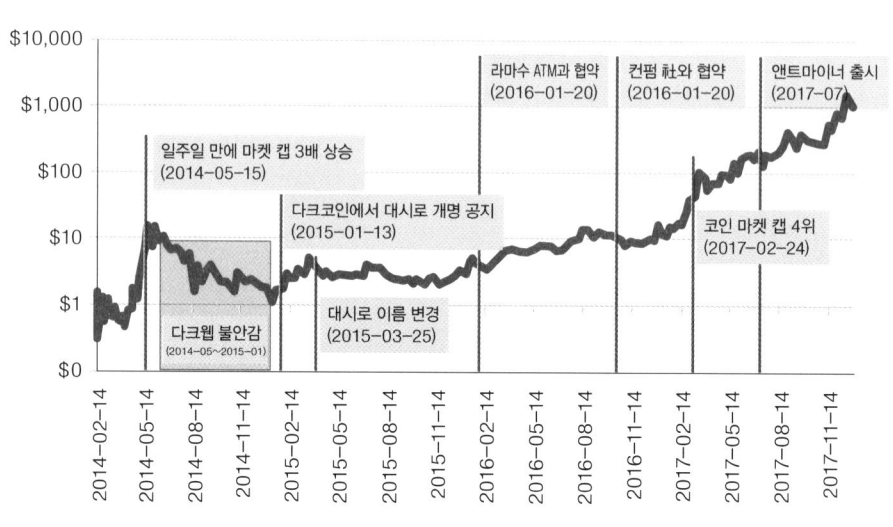

DASH 가격 변동

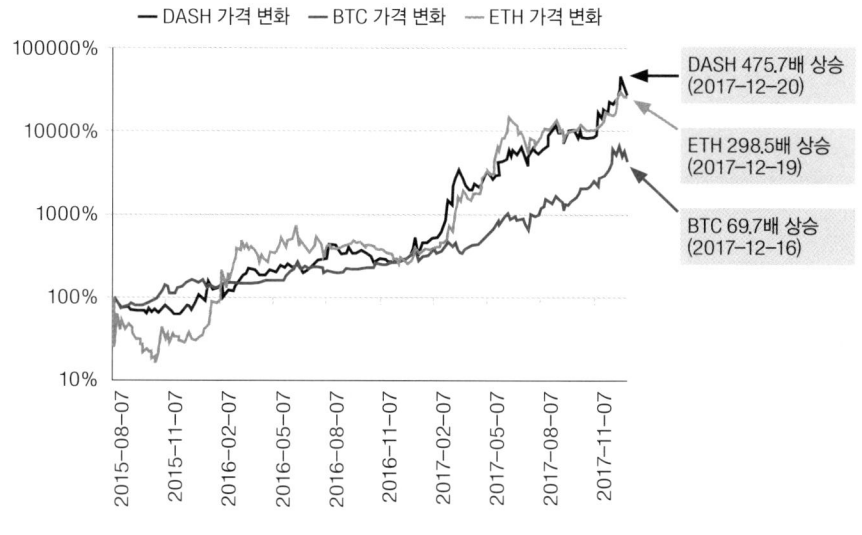

DASH, BTC, ETH의 상대적 가격 변화: 2015년 8월 7일~2017년 12월 31일

* 2015년 8월 7일의 가격을 100%로 함

으며, 상승과 하락 시의 움직임은 비트코인보다는 이더리움과의 유사성을 나타냈습니다. 2017년 1월 3일 기준 코인 마켓 캡 상위 10개의 코

대표적인 암호화폐 수익률

코인 마켓 캡 기준	2017. 01. 01	2018. 01. 01	수익률	비고
Ripple	0.006368	2.39	375배	
NEM	0.00344	1.04	302배	
Stellar	0.002481	0.480008	193배	
Ether	8.17	772.64	95배	
DASH	11.23	1053.98	94배	
LTC	4.51	229.03	51배	
ADA	0.024969	0.728657	29배	17. 10. 01~
BTC	998.33	13657.2	14배	
IOTA	0.590255	3.97	7배	17. 06. 13~
BCH	413.06	2432.54	6배	17. 07. 23~

* 2017년 1월 1일~2018년 1월 1일

인의 2017년 한 해 동안의 상승률을 기준으로 대시는 5위로, 94배의 상승을 나타냈습니다.

채굴

현재 채산성

일반적으로 채굴기는 GPU/에이직ASIC으로 분류됩니다. 대시의 경우, GPU 채굴은 채산성이 좋지 않아서 채굴할수록 손해입니다. 한국에서 가장 대중적인 대시 에이직은 앤트마이너Antminer D3이며[13], 해시레이트는 약 15 GH/s[14] 입니다. 2018년 1월 3일 현재 채굴 보상은 전기료와 임대료를 계산하지 않았을 때, 하루에 약 7,800원가량의 수익이 발생하며, 예상 채굴량은 0.0071개입니다. 앤트마이너 L3의 중고 가격은 현재 270만 원으로, 약 346일 이후가 손익분기점입니다. 대시의 해시 방식은 X11입니다.

대표적인 DASH 채굴기

채굴기 이름	해시레이트	파워	무게	사이즈
Baikal Giant X10	10GH/s ±5%	800W	3.7kg	312×125×130
Bitmain Antminer D3	15GH/s ±5%	1200W	5.5kg	320×130×190
iBelink DM11G	11GH/s ±5%	810W	22kg	490×350×180
iBelink DM22G	22GH/s ±5%	810W	19kg	490×350×180
Innosilicon A5	30GH/s ±8%	750W	4.8kg	400×135×158
Pinidea DR-100 PRO	21GH/s ±5%	900W	5kg	500×300×300

13 중고나라 검색 결과: Baikal x10(1건), Antminer D3(98건), iBelink(0건), 이노실리콘(3건), Pinidea(0건)
14 1GH/s=초당 1,000,000,000해시 https://shop.bitmain.com/productDetail.htm?pid=00020170718203947438V537cuy7067F,

마이닝 풀

2017년 12월 14일 기준 총 해시는 약 2,111TH/s를 나타내고 있으며, 주요 마이닝 풀의 해시레이트는 아래 표와 같습니다.

DASH 마이닝 풀의 해시레이트

Pool	Speed
Antpool	858TH/s
Coninmine	130TH/s
Miningpoolhub	94TH/s
cybtc	79TH/s
Suprnova	53TH/s
전체	2,111TH/s

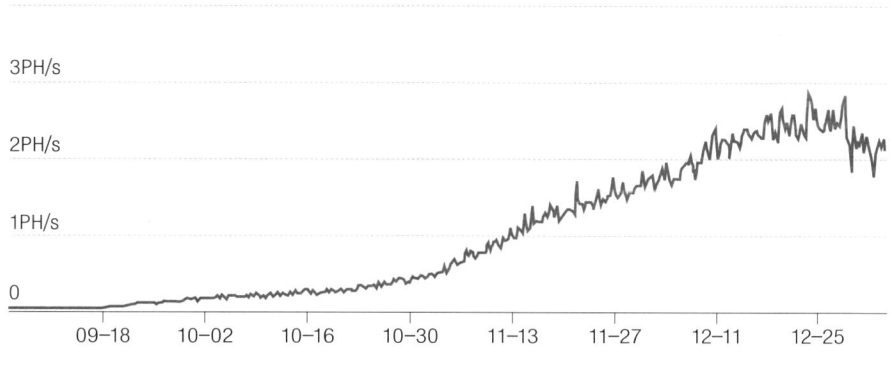

DASH 해시레이트 변동: 2017년 9월 5일~2017년 1월 3일

대시의 공급

대시는 ICO를 하지 않았습니다. 다만 프리마이닝과 유사한 인스타마인Instamine(총 발행량의 10%)을 통해 초기 개발 자금을 마련했습니다. 이후에는 채굴 보상의 10%가 개발 및 마케팅 자금으로 할당되었습니다.

대시의 모든 코인은 채굴 보상을 통해 공급됩니다. 따라서 기본적으로 작업증명으로 공급되지만, 추가적으로 지분증명[PoS]이라는 개념을 통해 마스터노드가 일정한 역할(익명성, 전송 속도 향상 등)을 수행합니다.[40]

블록 리워드 및 통화 공급량

현재 채굴자에게 주어지는 블록 리워드는 1블록당 1.8대시[41]이며, 블록 타임은 2.5분입니다.[42] 총 코인의 개수는 1,774만~1,892만 개입니다. 코인의 개수가 가변적인 이유는 해시에 따라 블록 리워드가 변동되기 때문입니다. 설계대로라면 하루에 576개의 블록이 생성됩니다. 여기에서 1.8대시는 채굴자의 보상(45%)이며, 마스터노드의 보상(45%)과 대시 개발팀의 몫(10%)을 계산하면 하루에 약 4대시가 새로 공급됩니다. 현재 속도대로라면 하루에 2,304개, 한 달에 약 69,120개, 1년에는 약 83만 개의 코인이 공급됩니다.

블록 리워드의 반감기는 존재하지 않습니다. 다만 동적으로 공식에 따라 변동하며, 해시레이트가 낮으면 높아지고, 반대로 높으면 낮아집니다.[43] 이것은 초기 개발자인 에반 더필드가 해시레이트의 부족을 우려하여 적용한 것입니다.

1시간의 분[minute]×1일의 시간 = 1일의 분: 60×24 = 1440분

1일의 분/블록 타임 = 하루의 블록 횟수: 1440분/2.5분 = 576번

하루의 블록 횟수×블록 리워드(채굴자 + 마스터노드 + 개발진의 몫)
: 576×4 = 2,304대시

하루×30 = 한 달, 한 달×12 = 1년

해시레이트와 난이도

해시레이트와 난이도가 같은 방향으로 변동하는 것을 확인할 수 있습니다.

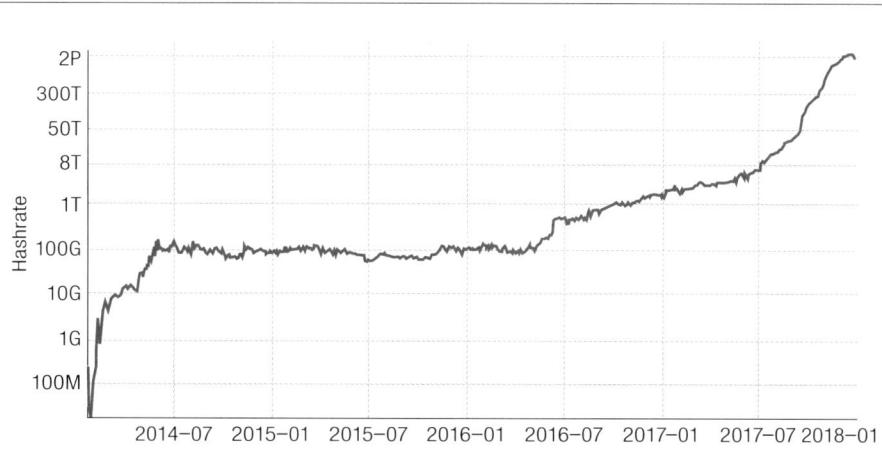

DASH 해시레이트 변동: 2014년 1월 25일~2018년 1월 2일

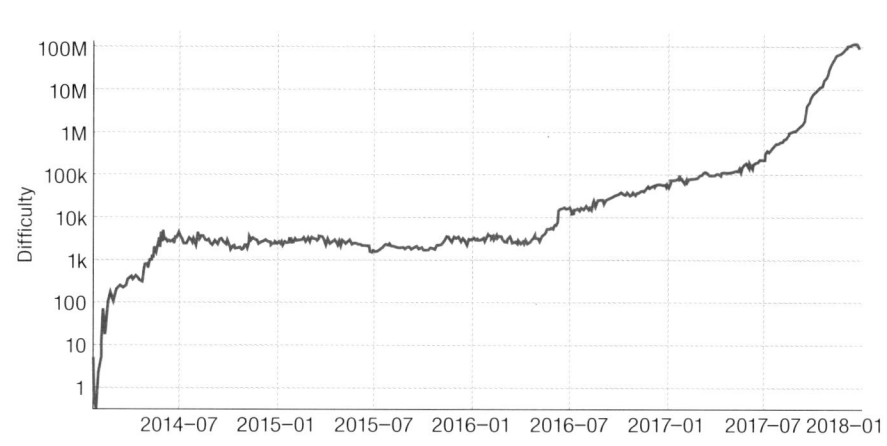

DASH 난이도 변동: 2014년 1월 25일~2018년 1월 2일

구글 트렌드 변화

검색어 '대시 가격Dash Price'에 대한 검색량(구글 관심도)은 대체로 가격 변화와 유사한 흐름을 나타냈습니다. 2017년 3월 14일에 대시가 100달러를 돌파했을 때 구글 관심도 역시 크게 상승했으며, 대시의 가격이 약 2.6배 상승한 2017년 9~12월에도 구글 관심도가 급상승하는 모습을 나타냈습니다.

DASH 가격과 구글 관심도: 2014년 2월 16일~2017년 12월 31일

* 2017년 12월 17일의 가격을 100%로 함

DASH 가격과 구글 관심도: 2017년 1월 1일~4월 16일

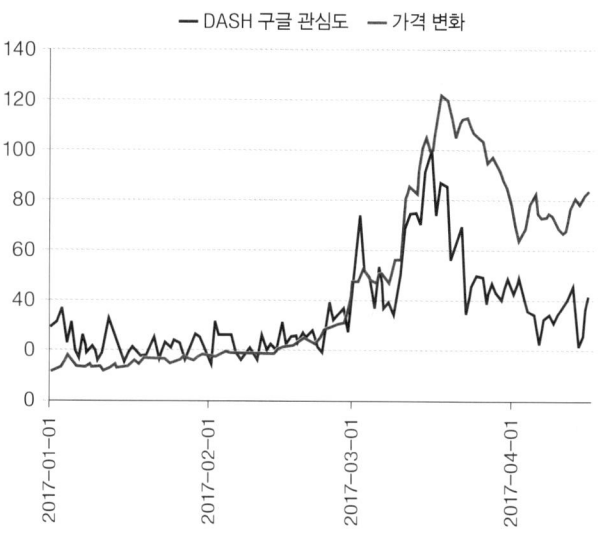

* 2017년 3월 16일의 가격을 100%로 함

DASH 가격과 구글 관심도: 2017년 9월 26일~12월 17일

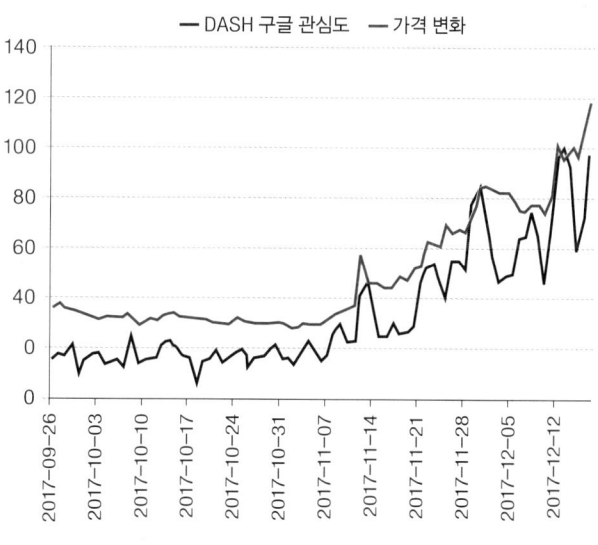

* 2017년 12월 13일의 가격을 100%로 함

DASH 지역별 관심도: 2017년 1월 1일~2018년 1월 1일

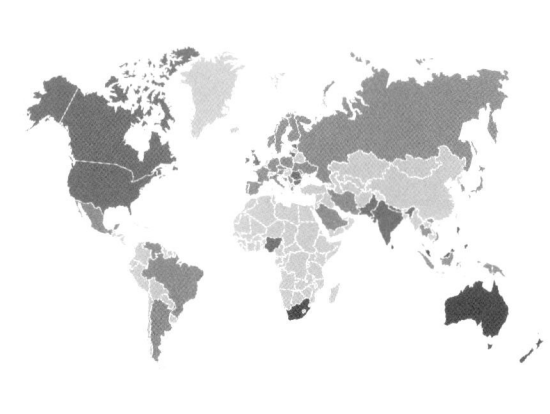

순위	국가	관심도
1	스리랑카	100
2	네팔	84
3	말레이시아	72
4	조지아	67
5	필리핀	53
6	리투아니아	52
7	오스트레일리아	52
8	남아프리카	44
9	싱가포르	41
10	슬로베니아	39

* 색이 진할수록 관심도가 높음

05

에이다
Ada

소개

에이다 코인 Ada coin 은 카르다노 Cardano 플랫폼에서 사용되는 암호화폐입니다. 2015년에 시작된 프로젝트로 목표는 암호화폐 디자인과 개발 과정을 혁신하는 것입니다. 코인 생산은 지분증명 PoS[1] 방식으로 이루어집니다.

카르다노는 이른바 3세대 코인으로 알려져 있습니다. 단순한 결제 기능만을 지원하는 1세대 코인(비트코인)과 스마트 컨트랙트 Smart Contract[2] 기능을 사용하여 다양한 분야에서 사용될 수 있는 2세대 코인(이더리움)에 이어 3세대 코인에서는 합의 기구를 통한 소프트포크 Soft folk[3] 가 추가되었습니다. 에이다 코인에서는 커뮤니티의 의견을 수렴하여 점진적으로 코인을 업그레이드할 수 있으며, 일부 채굴자에게 의사결정이 집

---

1   지분증명(Proof of Stake, PoS): 작업증명(Proof of Work, PoW)과 함께 대표적인 증명 방식. 작업증명 방식에서 채굴자(Miner)들이 채굴의 대가로 코인을 받는 것과는 달리, 지분증명 방식에서는 일반적으로 코인 보유자들이 일정 시간별 일정 액수를 보유하는 것에 비례하여 코인 보상이 지급된다.
2   스마트 컨트랙트: 블록체인을 이용하여 소유증명, 계약증명, 신분증명 등에 활용하는 것.
3   소프트포크: 비트코인 프로토콜을 수정한 것. 소프트포크에서는 이전의 유효한 블록/트랜잭션만 비유효화된다. 오래된 노드는 새로운 블록이 유효하다는 것을 인지하므로, 소프트포크는 하위 호환성(Backward-Compatible)을 가진다.

중되는 문제를 해소하기 위하여 지분증명 방식을 도입했습니다.

하스켈 언어로 개발되는 카르다노

에이다 코인은 아직 완전한 모습은 아니지만, 트랜잭션이 이루어지는 기본적인 '코인'의 기능은 갖추어졌습니다. 카르다노 플랫폼과 에이다 코인은 하스켈Haskell이라는 언어를 이용하여 개발되고 있습니다. 하스켈은 함수형 언어Functional Language로, 대중적으로 사용되는 프로그래밍 언어와는 다른 특징을 가지고 있습니다. 하스켈의 특징으로는 패턴 매칭Pattern Matching, 커링currying, 리스트 조건 제시식list comprehension, 가드guard, 재귀함수Recursion Function, 대수적 자료형Algebraic data type, 느긋한 계산법Lazy Evaluation 등이 존재합니다. 느긋한 계산법을 통해서 무한 계산 코드를 효과적으로 사용할 수 있으며, 타입 추정 기능이 뛰어나서 함수 타입을 데이터 속성에 따라 자동으로 선택해줍니다. 하지만 하스켈은 대중적으로 사용되지 않는 프로그래밍 언어입니다. 그 이유는 함수형 언어라는 점과 재귀함수를 일반적으로 사용하지 않아 프로그래머의 진입장벽이 높기 때문입니다.

그렇지만 개발 언어로는 무척 뛰어난 성능을 지녔으며, 카르다노 개발팀은 하스켈을 선택한 6가지 이유를 제시할 정도로 자신감을 보였습니다.[1]

개발 과정에서 드물게 사용되는 하스켈

하스켈은 코인 개발은 물론 일반적인 프로그램에서도 많이 사용되지 않는 프로그래밍 언어입니다. 마켓 캡 기준 상위 10개 코인에서 하스켈은 전혀 사용되지 않았습니다. 이 중 8개의 개발에 C++이 사용되었고

상위 10개 코인의 주요 개발 언어

순위	코인명	주요 사용 언어(깃허브 저장소 기준)
1	비트코인	C++, 파이썬
2	이더리움	GO, C++, 자바, 파이썬
3	비트코인캐시	C++
4	라이트코인	C++
5	리플	C++
6	이오타(IOTA)	자바
7	대시	C++
8	넴(NEM)	자바
9	모네로(Monero)	C++
10	비트코인골드	C++

* 2017년 12월 13일 기준

자바와 파이썬도 종종 사용되었습니다. 일반적 프로그램에서도 하스켈의 사용 정도는 낮은 편입니다. 깃허브의 검색 결과에서 하스켈은 불과 36,496건을 나타내어 다른 언어에 비해 상당히 적은 검색 결과를 나타내었습니다. 자바는 654,231개, 파이썬은 573,387개를 기록했습니다.

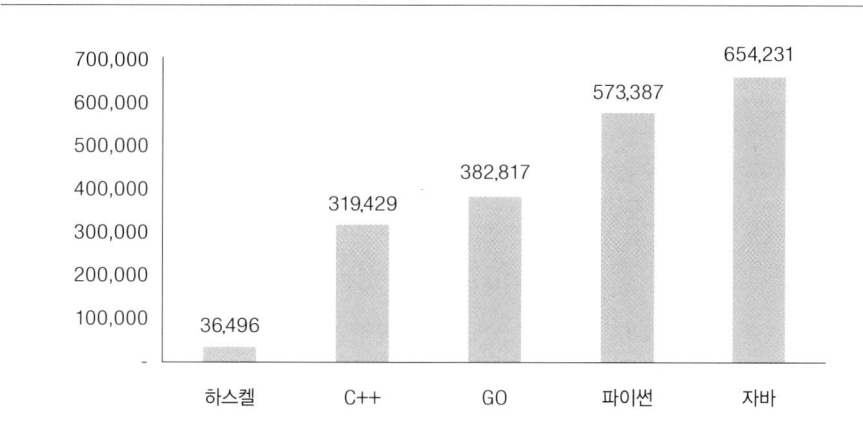

프로그래밍 언어별 깃허브 검색량

완성도 높은 '지분증명' 방식: 우로보로스

우로보로스^{Ouroboros}는 에이다 코인의 지분증명 알고리즘입니다.[2] 그리스 신화에서 등장하는 괴수로 꼬리를 물고 있는 뱀을 뜻하며, 끊임없는 순환과 무한성이라는 의미를 내포합니다.

카르다노 측은 우로보로스를 통해 작업증명 방식보다 에너지를 절약할 수 있으며, 비트코인 블록체인의 보안성에 비유할 수 있을 정도로 뛰어난 성능을 가지고 있다고 주장했습니다. 또 기존의 지분증명 코인과 달리 지분 소유주를 무작위적으로 선택하기 때문에 좀 더 안전하다고 설명했습니다. 우로보로스의 개발은 완료되지 않았으며, 2018년 2분기에 완료 예정입니다.

고대 신화에 등장하는 괴수 우로보로스

개발 일정

에이다 코인 측은 개발 과정에 역사 속 인물의 이름을 붙여서 개발 업데이트를 진행하고 있습니다. 영국의 작가 바이런Byron과 셸리Shelley, 컴퓨터 과학자 고갱Goguen, 일본 에도 시대의 시인 바쇼Bashō, 작가 볼테르Voltair의 순서대로 업데이트가 진행될 예정이며, 현재 2년간의 연구 끝에 바이런이 완료된 상황입니다.

2017년 12월 개발이 완료된 '바이런'에서는 거래할 수 있는 기반을 마련하여 코인 트랜잭션의 기본 기능이 가능해졌습니다. 다음 과정인 '셸리'에서는 지분증명 업데이트인 우로보로스, 다중 서명[4] 트랜잭션, 지갑 백엔드backend[5] 개선, 양자컴퓨터[6] 저항성, 라이트 클라이언트, 간편 주소, 지분을 사용한 투표 기능, 종이 지갑 개발 등이 예정되어 있습니다.

'고갱' 과정에서는 가상머신Virtual Machine과 블록체인 기술 인프라로 사용되는 보편 언어 프레임워크Universal Language Framework를 개발할 예정입니다. '바쇼' 과정의 목표는 성능 개선이며, '볼테르' 단계에서는 재무 시스템Treasury System과 관리Governance를 도입할 예정입니다.

분석

일반적으로 개발 업데이트 소식이 들려오면 코인의 가격은 상승합니다. 에이다는 아직 코인의 핵심 부분이 완전히 개발되지 않았고, 따라서 앞으로 셸리, 고갱, 바쇼, 볼테르 등 중요 업데이트가 진행될 때마다

---

4   다중 서명 트랜잭션(Multi signature Transaction): 트랜잭션이 승인될 때 2개 및 그 이상의 서명을 요구하는 경우.
5   백엔드: 사용자와 직접 상호 작용하지는 않고 프로그래머 또는 관리자만 접근할 수 있는 소프트웨어 시스템의 후면 부분.
6   양자컴퓨터(Quantum Computer): 양자역학의 원리에 따라 작동되는 미래형 첨단 컴퓨터.

가격이 오를 가능성이 큽니다. 다음 업데이트 예정일은 2018년 1월 5일이며 셸리(Shelley) 업데이트 중 일부가 완료될 것으로 알려졌습니다.

크라우드 펀딩[3]

2015년 10월부터 2017년 10월까지 에이다 코인의 크라우드 펀딩이 이루어졌습니다. 바우처 세일(Voucher Sale) 형식으로 진행되으며, 바우처를 구매한 투자자는 에이다 플랫폼 론칭 시기에 토큰으로 교환할 권리를 부여받았습니다. 또 KYC 룰을 엄격하게 준수하고자 노력했습니다. 토큰 세일 단계에서부터 KYC 룰을 도입하고, 엄격한 감사 절차를 준수한 것은 암호화폐 역사상 최초의 일이라고 카르다노 측은 설명했습니다.[4]

에이다 코인 투자자의 95%는 일본인이었으며, 투자 금액의 92%는 일본 자금이었습니다. 참가 인원 면에서 40대 개인 참가자가 29%로 1위를 기록했으며, 투자 금액 측면에서 30대가 25% 비중을 차지했습니다.[5]

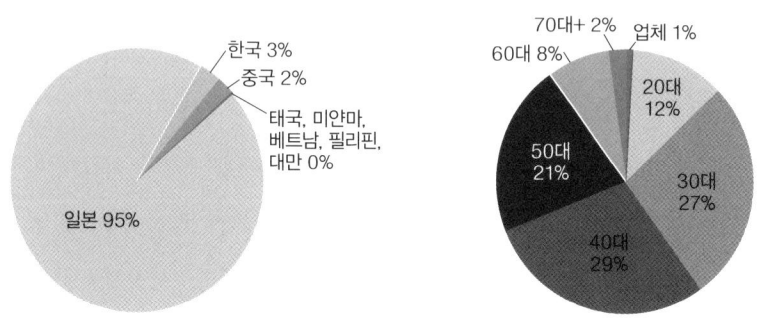

에이다 토큰 세일 참가 인원

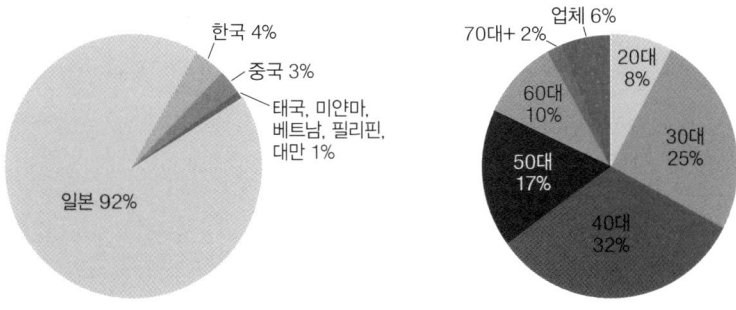

에이다 토큰 세일 투자 금액

기본 정보

- 기준일: 2017년 12월 13일
- 가격: $0.126249
- 마켓 캡: $3,273,266,728(USD, 11위)
- 24시간 거래량: $57,888,900(USD)
- 공식 홈페이지: https://www.cardanohub.org/

개발진 및 경영진

에이다의 창립자 찰스 호스킨슨Charles Hoskinson은 암호화폐 업계에서 주목받는 인물입니다. 그는 비트코인 개발자, 비트쉐어Bitshare의 창시자, 이더리움 공동 개발, 이더리움의 전 CEO(2013년 12월~2014년 5월) 등 화려한 이력을 보유하고 있습니다. 또 2013년부터 가상화폐 연구 포럼을 창설하여 본격적 연구를 시작했습니다.

2015년에는 IOHKInput Output Hong Kong라는 회사를 설립했습니다. IOHK

는 찰스 호스킨슨과 제러미 우드Jeremy Wood가 공동으로 설립한 회사이며, 전 세계 30억 명의 금융 접근성이 부족한 사람들에게 P2P 금융 서비스를 제공하는 것을 목표로 합니다. 이를 토대로 암호화폐와 블록체인 기술을 학술기관, 정부, 기업 등에 제공하고자 합니다. IOHK에는 많은 개발자가 참가했는데, 특히 카르다노 팀은 27명 중 개발자Developer로 소개된 인물만 21명으로 대규모의 인원을 자랑합니다. 그중에는 하스켈 개발자가 다수 포함되어 있습니다.

박사급 개발진

에이다는 박사학위Ph. D를 보유한 개발진만 3명으로, 훌륭한 개발진을 보유하고 있습니다. 던컨 쿠츠Duncan Coutts[6] 박사는 영국 옥스퍼드 대학교Oxford University에서 2003~2010년에 걸쳐 박사학위를 취득했습니다. 이후 하스켈 언어 전문 소프트웨어 회사인 웰타입 유한회사Well-Typed LLP에서 약 10년간 일했습니다.

라르스 브륀제Lars Brünjes[7] 박사는 독일 레겐스부르크 대학교University of Regensburg에서 수학으로 2002년에 박사학위를 취득했습니다. 소프트웨어 아키텍터로 10년 이상 일한 후, IOHK에 하스켈 개발자로 합류하게 됩니다.

필립 칸트Philipp Kant[8] 박사는 독일 카를스루에 공과대학Karlsruhe Institute of Technology에서 2005~2008년에 물리학 박사학위를 취득했습니다. 독일 베를린의 훔볼트 대학교Humboldt University of Berlin에서 연구원으로 5년간 일했고, 이후 소프트웨어 엔지니어로 활동하다 IOHK에 합류하게 됩니다.

카르다노 개발진

IOHK

IOHK는 블록체인 관련 다양한 프로젝트를 진행 중인 기업입니다. 70여 명의 개발진과 일반 직원이 함께 일하고 있으며, 다양한 블록체인 프로젝트를 진행 중입니다. 에이다 코인, 오픈소스 암호화폐 지갑 다이달로스Daedalus, 이더리움 클래식Ethereum Classic 코인, 블록체인 기반의 수학 DB 제작 프로젝트 퀘디타스Qeditas, 블록체인 연구 가속 프로젝트 스코렉스Scorex, 은행 간 거래 및 중앙은행이 대규모의 트랜잭션을 처리할 수 있는 알에스코인RSCoin 등의 프로젝트가 IOHK의 지원으로 이루어지고 있습니다.

특히 IOHK가 개발을 지원하는 이더리움 클래식[7]은 마켓 캡 13위를 나타내고 있으며, IOHK의 풀타임 개발자 7명이 2016년 12월 11일부터 이더리움 클래식 개발에 참여했습니다.

---

7   이더리움 클래식: 이더리움의 하드포크로 생성된 코인으로, 블록 1,920,000(2016-07-20)부터 이더리움 체인과 독립적으로 분리된다.

분석 ①

IOHK는 암호화폐 전문가가 주도하는 단체이자, 수익성이 낮은 수학 DB 프로젝트도 진행 중이며, 블록체인 및 암호화폐 관련 전문 연구가들을 통해 연구 자료를 홈페이지를 통해 공개하고 있습니다. 단순히 수익성만을 생각하는 것이 아닌 블록체인 및 암호화폐 분야를 학술적으로 한 단계 끌어올리기 위한 체계적이고 심층적인 노력을 하고 있다고 생각합니다.

개발 활성 정보 분석(깃허브)

2017년 12월 3일 기준 카르다노(cardano-sl)의 최근 깃허브 페이지 총 커밋 횟수는 11,966건[9]이며, 9월 이후의 커밋을 정리해보면, 하루 평균 커밋 횟수는 13.38개였으며, 9월 이후 커밋은 하루도 빼놓지 않고 매일 갱신되었습니다. 다른 코인들과 비교하여 상당히 부지런한 커밋 수를 나타내고 있어 팀의 규모와 개발자의 의지를 엿볼 수 있습니다.

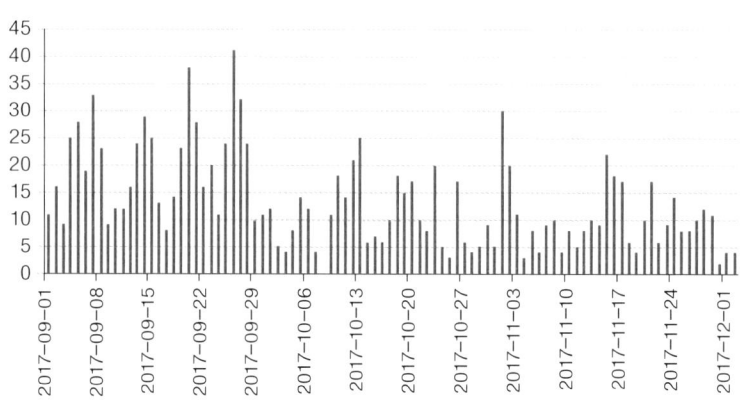

2017년 9월 이후 ADA 커밋

분석 ②

에이다는 2017년 11월에만 4배 이상 급상승했고, 시가총액 10위권에 당당히 자리 잡게 되었습니다. 이러한 성장은 활성화된 개발과 풍부한 개발 인력[Developer]을 통해 가능했습니다. 아직 에이다는 도입 초기이며, 현재 2위 가상화폐인 이더리움의 전 CEO가 개발을 총지휘한다는 점, 개발 호재가 예정되어 있다는 점을 고려하면 앞으로도 가격 상승 및 순위 상승이 지속할 것으로 전망됩니다.

거래소

에이다의 첫 상장 거래소는 비트렉스[Bittrex]입니다. 2017년 9월 29일부터 에이다에 대한 보증금 납부를 개시했으며, 10월 1일에 ADA/BTC 거래가 개시[10]되었고 ADA/ETH 거래는 11월 28일에 개시[11]되었습니다. 바이낸스[Binance] 거래소에는 2017년 12월에, 국내 C거래소에는 12월 4일에 상장되었습니다. 거래는 비트렉스와 바이낸스에서 92% 이상 이루어지고 있습니다.

ADA 거래소 순위

순위	거래소명	거래쌍	24h 거래량	가격	점유율
1	Bittrex	ADA/BTC	$51,269,700	$0.13	73.65%
2	Binance	ADA/BTC	$13,154,700	$0.13	18.90%
3	Coinnest	ADA/KRW	$1,996,080	$0.14	2.87%
4	Bittrex	ADA/ETH	$1,811,130	$0.13	2.60%
5	Binance	ADA/ETH	$1,366,520	$0.13	1.96%
6	Mr. Ripple	XRP/ADA	$8,054	$0.13	0.01%
7	Mr. Ripple	BTC/ADA	$1,624	$0.13	0.00%
8	Mr. Ripple	ETH/ADA	$377	$0.13	0.00%

* 2017년 12월 13일 기준

주요 가격 변화

초반의 횡보: 2017년 10월 1일~11월 24일

에이다는 2017년 10월 1일 비트렉스에서 ADA/BTC 거래가 이루어진 이후 횡보세를 이어갔습니다. 이 시기에는 10월 1일의 가격에서 20% 내외로 상승하는 흐름을 지속했습니다. 하지만 곧 잠재력을 드러내며 25일 이후 급상승하게 됩니다.

에이다는 11월 1일의 로드맵 발표 20일 전[12]부터 홍보하기 시작했으나, 트위터에서 '좋아요' 55개만 받을 정도로 관심이 저조했습니다. 심지어 10월 23일에도 트위터를 통해 로드맵 발표를 홍보[13]했으나 '좋아요' 33개에 불과할 정도로 효과가 미미했습니다. 결국 11월 1일의 최초의 로드맵 발표 이후에 가격은 오히려 소폭 하락했습니다.

가격 급상승기: 2017년 11월 25일~12월 10일

2017년 11월 22일 〈비트코인 매거진Bitcoin Magazine〉에 에이다를 긍정적

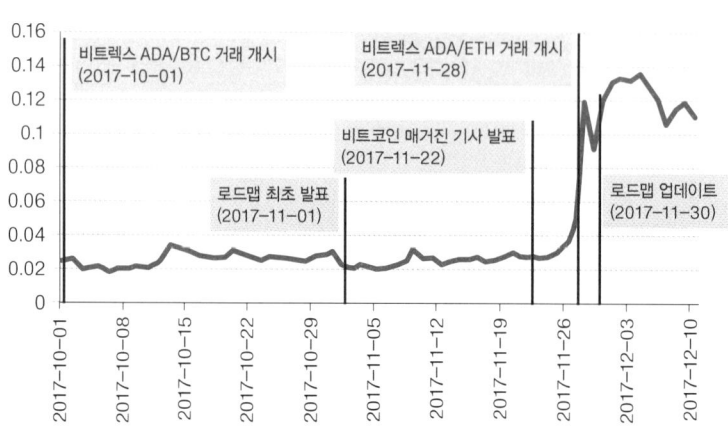

ADA 가격 변동: 2017년 10월 1일~12월 10일

으로 소개하는 기사[14]가 발표되었습니다. 특히 형식 검증Formal Verification을 통해서 버그 발생을 방지하여 안전성이 높아진 코인으로 소개되었습니다. 이 기사에서는 해커가 패리티Parity 지갑에서 $1억 8,000만(USD)를 해킹으로 분실한 것, 다오DAO의 설립 과정에서 해커 $5,000만(USD)의 손실을 본 것이 버그 때문이라며, 버그를 방지하기 위한 형식 검증은 비용이 많이 들지만 중요한 과정이라고 언급했습니다. 이러한 형식 검증을 개발에 적용하고 있는 코인으로 카르다노, 테조스Tezos, 이더리움이 소개되었습니다.

11월 28일에 ADA/ETH 거래가 개시되었으며, 11월 30일에 트위터에서 로드맵 업데이트가 임박했다는 소식[15]은 '좋아요' 212개의 뜨거운 반응을 얻어냈고, 12월 1일 셸리Shelley에 대한 로드맵이 업데이트되자 시장의 반응은 뜨거웠습니다. 결과적으로 10월 1일부터 12월 10일

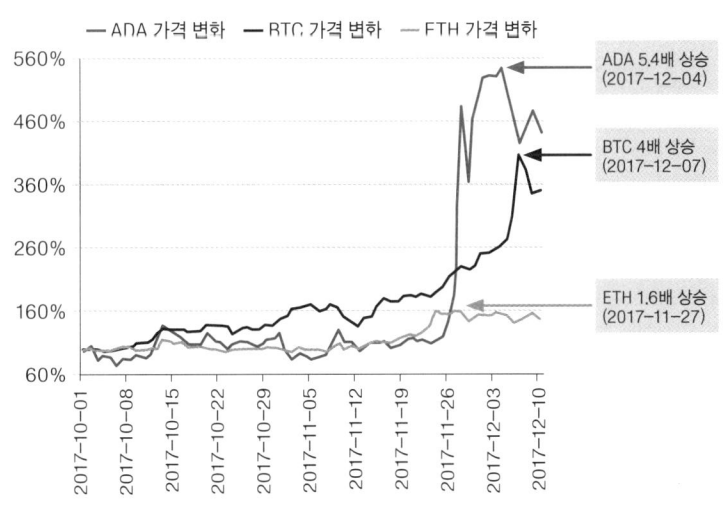

ADA, BTC, ETH의 상대적 가격 변화: 2017년 10월 1일~12월 10일

* 2017년 10월 1일의 가격을 100%로 함

까지 에이다의 가격은 5.4배 급등하게 됩니다.

분석

같은 기간 BTC의 가격은 약 4배, ETH의 가격은 1.6배 상승했습니다. BTC나 ETH의 가격 상승 폭보다 ADA의 가격 상승 폭이 훨씬 컸습니다. 또 BTC가 11월 12일 이후 지속적으로 상승한 것과는 달리, ADA의 경우 11월 25일부터 4일 만에 4배 이상 급상승하는 흐름을 나타냈습니다. 따라서 2017년 12월 ADA 코인의 가격 상승은 BTC/ETH 가격 상승으로 인한 동반 상승은 아니며, 로드맵 업데이트로 인한 가격 상승일 가능성이 큽니다.

에이다 코인의 자금 조달
프리마이닝

에이다는 지분증명 코인으로 채굴이 되지 않으므로 원칙적으로는 프리마이닝이라는 용어를 적용할 수 없습니다.[8] 하지만 프리마이닝과 동일한 목적으로 개발 및 코인 마케팅 비용을 충당하기 위해 배분된 코인은 5,185,414,108개[16]였으며, 이는 ICO의 20% 코인에 해당하는 코인 수량이었습니다. 약 US $611,044,013[9]에 해당하며, 전체 발행량 대비 11.52%를 차지하고 있습니다.

카르다노 입장에서는 프리마이닝을 통해 개발 자금을 안정적으로

---

8 본 보고서에서는 채굴(mine) 여부와 관계없이 일반 공개 이전에 개발진 및 마케팅 비용으로 미리 배분된 코인을 프리마이닝으로 표기한다.
9 Coinmarketcap.com 12월 6일 종가 기준.

마련할 수 있지만, 만약 과도한 금액이 개발자에게 배분되면, 코인이 중앙화되고, 가격 상승 요인이 적어진다는 단점이 발생합니다.

분석

총 발행량 대비 11.52%의 프리마이닝은 양호한 수준이라고 생각합니다. 코인을 개발진이 보유할 경우 코인 가격 상승을 위하여 더욱 열심히 개발하는 효과가 존재하며, 프리마이닝이 너무 적을 경우 ICO 이후 개발을 등한시할 가능성이 큽니다. 코인 가격이 많이 상승할수록 개발진에게 돌아오는 몫이 더 커지게 되고, 개발진이 코인 가격을 상승시키려면 개발을 열심히 해야 하기 때문입니다. 마치 일반 기업에서 임직원에게 자사주 스톡옵션을 지급하여 성과를 높이는 것과 유사한 원리입니다.

ICO의 비중

에이다 코인은 $6,300만(USD)를 ICO로 모금했습니다.[17] 4단계로 진행된 ICO에서 모금된 코인의 총 수량은 약 260억 개로, 1ADA=$0.00242(USD)를 기록했습니다. ICO와 프리마이닝이 된 코인을 더하면 $674,044,013(USD)입니다. 개발 금액 중 ICO를 통해 조달한 금액의 비중은 약 10%, 프리마이닝을 통한 금액은 약 90%를 차지합니다.

카르다노는 ICO와 프리마이닝 과정을 모두 공개했으며, ICO 과정에서 KYC 룰을 적용했고, 장기간의 ICO를 진행했습니다. 덧붙여 제3기업(Attain Corporation of Japan)의 감사(Auditing)를 진행하여 다른 ICO에 비해 상대적으로 신뢰성이 높다고 볼 수 있습니다.

또 카르다노는 IOHK에서 지원하는 프로젝트입니다. IOHK는 이더

에이다 개발 금액 비중

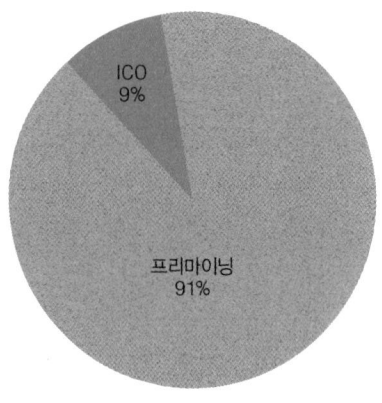

* 단위: USD

리움 전 CEO인 찰스 호스킨슨이 이끄는 단체로, 카르다노 외에도 다수의 블록체인 프로젝트를 진행 중이며, 개발진이 많이 존재하고 학술적인 연구도 진행되어 신뢰성이 높습니다.

에이다의 통화 공급량

에이다는 현재 25,927,070,538개가 유통되고 있습니다. 최대 발행되는 코인은 45,000,000,000개[18]까지입니다. 통화 공급은 지분증명 방식으로 이루어지며 지분에 따라 의사결정도 행사할 수 있습니다. 아직 구체적인 지분증명 이자율, 리워드를 받기 위한 최소 코인 개수, 지분증명을 위한 코인 동결 여부, 코인 지급 주기 등은 아직 공개되지 않았습니다.

하지만 기존의 지분증명 코인의 사례와 큰 차이는 없을 것으로 예상되며, 주요 지분증명 코인의 통화 공급 방식은 다음 표와 같습니다.

마켓 캡 순위	코인 이름	지분증명 이자율(커뮤니티 기준)	지분증명 자격	블록 타임
9	넴(NEM)	1% 이하[19]	10,000×EM 이상[20]	1분
14	네오(NEO)	약 5%[21]	제한 없음	약 5분
21	리스크(Lisk)	10.8%[22]	투표 받은 101개의 대표 계정	10초
22	퀀텀(Qtum)	약 5%[23]	제한 없음[24]	2분
33	아크(ARK)	5~10%[25]	투표 받은 51개의 대표 계정	8초

* 2017년 12월 12일 기준, 이상 GAS로 지급

구글 트렌드 변화

카르다노의 검색량(구글 관심도)은 11월 29일 구글 관심도가 제일 높은 시점을 기준으로 이전까지는 가격 변화와 비슷한 흐름을 나타냈습

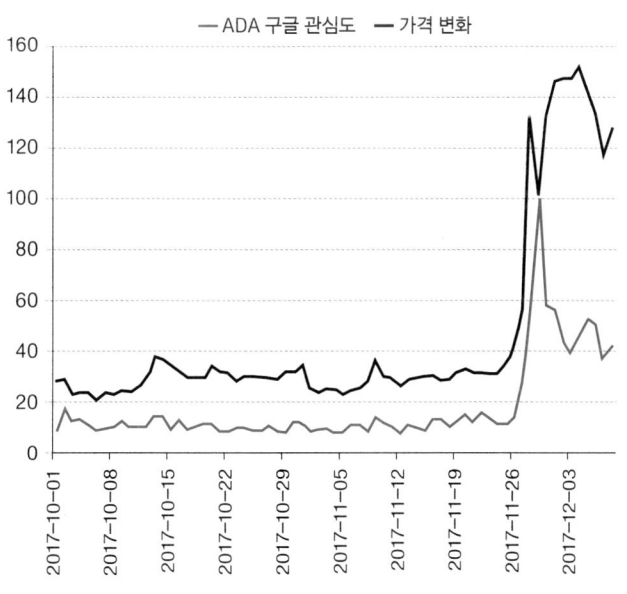

ADA 가격과 구글 관심도

* 2017년 11월 29일의 가격을 100%로 함

니다. 하지만 12월 29일 이후에 가격과 구글 관심도는 반대 방향으로 움직임을 나타냈습니다.

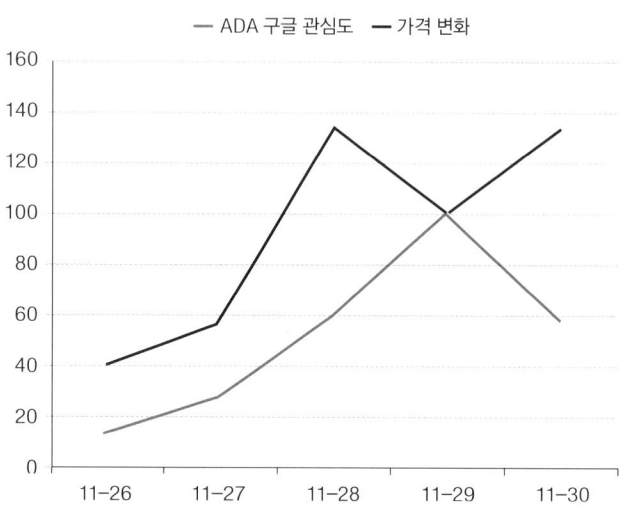

ADA 가격과 구글 관심도: 2017년 11월 26~30일

* 2017년 10월 24일의 가격을 100%로 함

ADA 지역별 관심도

* 색이 진할수록 관심도가 높음

06

골렘
Golem

CryptoCurrency Investment Strategy Report

소개

골렘의 토큰 개수는 고정되어 있습니다. 골렘 토큰 Golem Network Token, GNT 은 작업 요청자로부터 PC 자원 제공자에게 지불되는 보상과 보증금 등으로 사용될 계획입니다. 따라서 작업증명 및 지분증명 방식으로 토큰을 얻지 못합니다. 대신 거래소에서 사든가 컴퓨팅 자원을 일정 기간 동안 빌려주고 이에 대한 보상으로 GNT를 받습니다. 아직 '골렘 프로젝트'가 개발 중이기 때문에 GNT를 이용한 클라우드 컴퓨팅, GNT 토큰 보상은 정상적으로 이루어지진 않고 있습니다.[1]

여기에서 작업 요청자란 렌더링 등 고사양 컴퓨터가 필요한 작업을 요청하는 사람을, PC자원 제공자는 자신의 컴퓨터를 공유해주는 사람을 의미합니다.[1] 골렘 토큰은 이더리움 네트워크상에서 작동하며, ICO는 2016년 11월 11일에 성공적으로 진행되었습니다.[2] 당시 기준으로 역대 3위의 ICO를 기록했고, 개발 자금을 충분히 확보할 수 있었습니다.

---

1 작업 요청자(Requestors): 작업 제작자(task creators)라고도 한다. 원하는 작업이 골렘 네트워크상에서 수행될 수 있도록 요청하는 사람.
작업 제공자(Providers): PC 자원 제공자(Suppliers of Computing Resources)라고도 한다. 컴퓨팅 자원을 골렘 네트워크에 제공하고 그 대가로 GNT를 부여받는 사람.

골렘 프로젝트는 일반인 및 데이터 센터, 채굴장 등에서 쓰지 않는 유휴 자원을 활용하는 공유경제라는 점에서 컴퓨터 업계의 우버 Uber[2][3], 에어비앤비 AirBnB[4]에 비유되곤 합니다. 우버는 유휴 자동차를 통해 운송 서비스를 제공하며, 에어비앤비는 쓰지 않는 방을 임대하여 숙박 서비스를 제공합니다.

이러한 공유경제 서비스 플랫폼처럼 골렘은 분산 슈퍼컴퓨터를 사용자에게 제공하는 것이 목표입니다. 예상되는 활용 분야로는 소프트웨어, 서비스 개발, 렌더링, 클라우드 채굴 등이며, 값비싼 슈퍼컴퓨터 비용을 획기적으로 줄여서 컴퓨팅 자원이 필요한 사람에게 합리적인 비용과 보안성을 갖춘 상태로 제공하기 위해 한창 개발이 진행 중입니다.

골렘 프로젝트가 목표하는 분야 중 하나는 CGI 렌더링Rendering[3] 분야입니다. CGI 렌더링이란 3D로 제작된 모델을 2D 이미지나 영상으로 변환하는 것을 의미합니다. 3D 애니메이션의 경우 3D로 제작한 사람 및 배경 등을 2D 영상으로 전환하는 작업이 필요하며, 이 과정에서 상당히 높은 사양의 컴퓨터가 필요합니다. 실제로 디즈니에서 2014년에 제작된 3D 애니메이션 〈빅 히어로 6〉에서는 55,000개의 코어가 투입된 슈퍼컴퓨터를 통해 렌더링 작업이 진행되었습니다.

CGI 렌더링은 3D 애니메이션뿐만 아니라 영화의 특수효과, 게임, 제품 디자인, 가상현실, 증강현실, 심지어 의학 분야에까지 활용될 정도로 다양한 분야에서 필요한 기술로 활용 범위가 매우 넓습니다.

2 우버: 공유경제를 도입한 대표적인 스마트폰 애플리케이션. 일반인이 자신의 자동차를 이용하여 택시처럼 운송 수단을 제공하고, 그에 대한 대가로 돈을 받게 된다.
3 CGI 렌더링: Computer-generated imagery Rendering.

골렘 앱에서 렌더링이 진행되는 모습

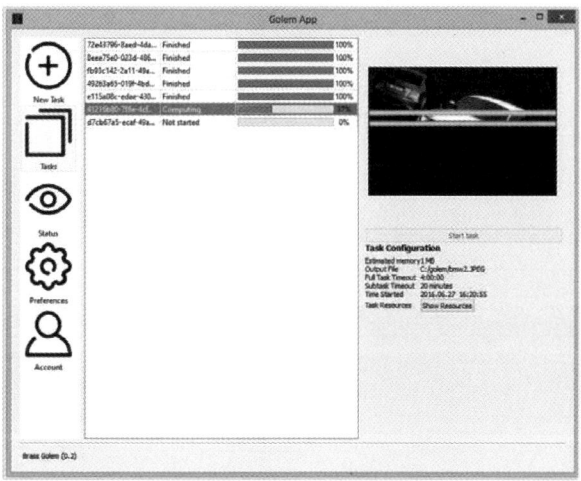

* 골렘 앱의 개발은 아직 진행 중으로, 우분투, 맥, 윈도우에서 지원될 예정

앞으로 2020년경에 골렘 프로젝트의 개발이 완료되면, P2P[4]방식으로 일반 사용자들의 PC를 통합하여 시간이 많이 들거나 고사양이 요구되는 작업을 수행할 수 있어 누구나 원하는 작업을 자유롭게 의뢰할 수 있습니다. 특히 이더리움의 트랜잭션 시스템을 기반으로, 작업 요청자와 PC자원 제공자 간의 편리한 직접 송금이 가능해집니다.

개발 활성 정보 분석(깃허브)

2017년 12월 26일 기준 골렘[5]의 최근 깃허브 페이지 총 커밋 횟수는 4,821건[6]이며, 10월 이후의 커밋은 다음과 같습니다. 하루 평균 커밋 횟수는 5.01개였으며, 그 간격은 1.32일이었습니다. 개발은 꾸준히 이

---

4 P2P(peer to peer network): 소수의 서버에 집중하기보다는 망의 구성에 참여하는 기계들의 계산과 대역폭 성능에 의존하여 구성되는 통신망.

2017년 10월 이후 GNT 커밋

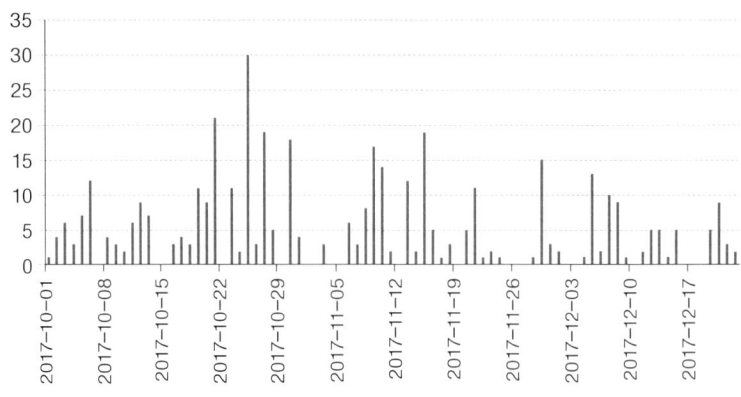

루어지는 편이며, 클레이골렘Clay Golem, 스톤콜렘Stone Golem, 아이언골렘Iron Golem 등 앞으로 개발될 부분이 많기 때문에 지속적인 커밋이 이어질 것으로 예상됩니다.

크라우드 펀딩[7]

골렘의 ICO 진행 방식은 '보안성 유지', '최소한의 필요 기능 구현'[5], '업그레이드 허용성' 등 3가지 원칙을 고려하여 이루어졌습니다. 이 원칙들을 기준으로 '크라우드 펀딩은 특정 기간에만 이루어질 것', '펀딩의 최소 투자금과 최대 투자금을 미리 정할 것', '펀딩의 최소값에 도달하지 못한 경우 크라우드 펀딩 참가자는 이더리움을 환불받을 것', '크라우드 펀딩이 종료된 이후에 GBT 풀이 할당되면 골렘 송금이 개시될 것' 등 세부적인 진행 방향을 정리했습니다.

---

5 KISS 원칙(KISS Principal): 'Keep it short and simple' 소프트웨어 개발 시 간단하고 나중에도 쉽게 이해되는 해결 방법이 최적의 해결책이라고 여기는 방식.

GNT 크라우드 펀딩(ICO) 다이어그램

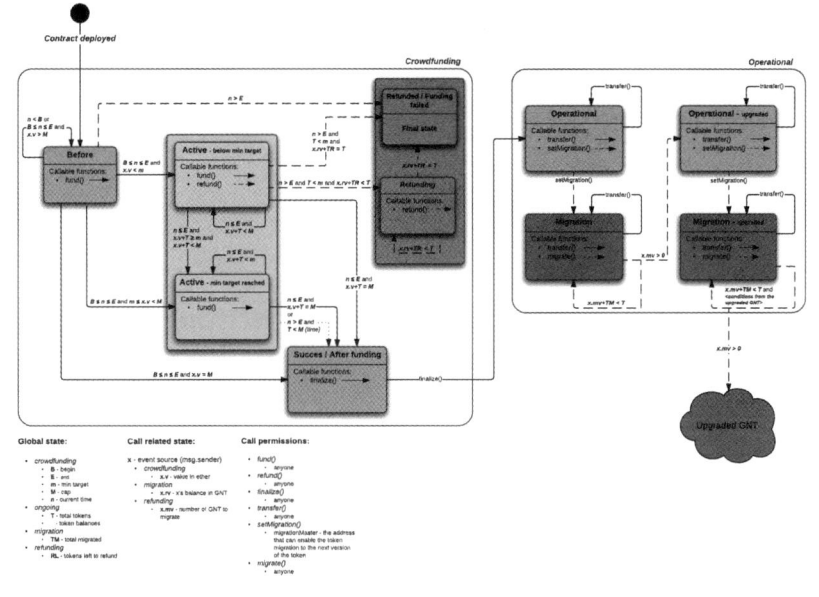

　골렘 프로젝트의 CTO인 비지스^{Viggith}는 위와 같은 다이어그램^{Diagram}을 제시하여 ICO의 진행을 도식화하여, ICO의 진행 방향과 여러 변수에 따라 어떠한 결과가 발생하는지를 일목요연하게 제시했습니다.[8]

　골렘 네트워크 토큰 ICO의 성공과 실패를 구분하는 최소 투자금은 120,000ETH(약 14억 6,000만 원), 최대 투자금은 840,000ETH(약 100억 4,000만 원)[9]이었습니다.[6] 1ETH 당 1,000GNT가 생성되었으며, 투자는 이더리움으로 이루어졌습니다. 당시 거래소 지갑으로 전송할 경우에 정상적으로 토큰을 지급받기 어려울 것이라고 경고했습니다.[10]

6 　2016년 11월 11일 매매 기준율 1,167.50원/달러
　　120,000ETH=$1,258,537(USD)=₩1,469,341,948
　　2016년 11월 11일 매매 기준율 1,167.50원/달러
　　820,000ETH=$8,600,000(USD)=₩10,040,500,000

마침내 2016년 11월 11일, ICO가 시작된 지 29분 만에 목표했던 820,000ETH($8,600,000, 2016년 11월 11일 매매 기준율은 1,167.50원/USD)가 골렘 프로젝트에 투자되었습니다.[11] 이를 통해 20명의 개발진, 4년간의 개발 기간을 지원하기에 충분한 목표 금액을 확보할 수 있었습니다.

기본 정보

- 기준일: 2017년 12월 28일
- 가격: $0.754880(USD)
- 마켓 캡: $629,767,699(USD, 43위)
- 24시간 거래량: $71,064,500(USD)
- 공식 홈페이지: https://golem.network/

개발진 및 경영진

골렘Golem의 CEO는 줄리안 자비스토우스키Julian Zawistowski입니다. 그는 폴란드 바르샤바에 거주[12]하고 있으며, 1998~2004년에 SGH 바르샤바 경제대학Warsaw School of Economics에서 국제정치학 및 경제학 석사학위를 취득했습니다. 이후 폴란드 중앙은행, 폴란드 경제부 등에서 일한 후, IBS라는 폴란드의 연구기관에서 일했으며, 2013년 8월 폴란드에 '아이맵imapp'[13]이라는 개발 및 연구 전문 회사[14]를 창업했습니다. 2016년 12월부터는 골렘의 개발을 진행하는 '골렘 팩토리'의 CEO로 프로젝트를 총괄하고 있습니다.

골렘 팩토리의 CTO인 표트렉 비지스 자니욱Piotrek 'Viggith' Janiuk은 바르샤바 대학교에서 수학과 컴퓨터공학 석사학위를 이수했습니다. C++, 솔리디티Solidity, 게임 개발, 소프트웨어 디자인 등에 능숙합니다.[15] 개발자로 5년 이상의 경력을 쌓은 후 아이맵에 합류했고, 골렘의 CEO 줄리안과 3년 이상 같이 일했습니다.

골렘 프로젝트와 아이맵

골렘 프로젝트는 줄리안 자비스토우스키가 대표를 맡고 있는 회사 아이맵의 프로젝트 중 하나로 진행되고 있습니다. 이 회사는 모델링, 비즈니스 과정 예측, 수학적 최적화, 빅데이터 분석, 사회경제 정책 분석, 데이터 처리에 특화된 프로그래밍 등을 제공합니다.

아이맵은 변화를 주도하여 이를 통해 더 나은 미래를 만들어나가는 것을 목표로 삼고 있습니다. 주로 애널리스트와 프로그래머로 구성되어 있으며, 이를 통해 최상의 결과물을 고객에게 제공할 수 있다고 설명합니다. 현재 아이맵은 프로그래밍 분야에서 골렘 프로젝트, 이더리움, 그래픽 엔진, 이미지 처리 알고리즘 등을 진행하고 있습니다.

파트너 사

골렘 프로젝트는 스트리머Streamr와 프렌드업FriendUP이라는 블록체인 프로젝트와 협력 중입니다.

골렘과 스트리머의 협력은 2017년 7월 12일 발표되었습니다.[16] 스트리머는 일반 사용자들이 '데이터'를 제공하고, 그 대가로 암호화폐를 지급받는 프로젝트로, 예를 들어 자동차 통행량 데이터를 실시간으로 전송하는 사례 등이 있습니다. 골렘과 스트리머는 서로 시장은 다르지만 분산 컴퓨팅, 분산 데이터 전송이라는 비슷한 기술 분야를 개발해야 합니다. 계산 결과의 유효화, 지불 시스템, 평판 관리, 가격 설정 등이 그 예이며, 다양한 부분에서 서로에게 도움이 될 것으로 기대하고 있습니다. 게다가 스트리머는 데이터, 골렘은 연산을 맡아서 단계적 프로토콜로 활용될 수 있기 때문에 미래의 '분산 인터넷$^{Decentralized\ Internet}$'의 프로토콜이 되기를 기대하고 있습니다.

프렌드업과의 파트너십은 2017년 11월 23일에 발표되었습니다.[17] 프렌드업은 '오픈 소스 클라우드 OS$^{Operating\ System}$'로, 웹 애플리케이션을 통합하고 모든 기기에서 잘 작동할 수 있는 생태계 제공을 목표로 삼고 있습니다.

골렘 측은 프렌드업에 $750,000을 투자하면서 "두 프로젝트의 협력으로 Iaas[7], Paas[8] 서비스를 제공하고, 스트리머의 경우와 마찬가지로 분산 컴퓨팅 부분에서 유사한 부분을 개발하는 등 서로 협력할 수 있을 것"이라는 기대감을 전했습니다.

골렘 프로젝트의 자금 조달과 배분

ICO와 프리마이닝

골렘 프로젝트는 ICO를 성공적으로 완료하여 안정적인 자금을 확보할 수 있었습니다. GNT 토큰의 총 수량은 ICO 이후 10억 개로 고정됩니다. 크라우드 펀딩으로 분배되는 토큰은 82%인 8억 2,000만 개이며, 골렘 개발 및 운영진에게 6%인 6억 개, '골렘 팩토리' 사에 12%인

---

[7] IaaS(Infrastructure as a Service): 서버, 스토리지, 네트워크를 가상화 환경으로 만들어, 필요에 따라 인프라 자원을 사용할 수 있게 서비스를 제공하는 형태.

[8] PaaS(Platform as a Service): 앱의 개발 및 시작과 관련된 인프라를 만들고 유지·보수하는 복잡함 없이 고객이 애플리케이션을 개발, 실행, 관리할 수 있게 하는 플랫폼.

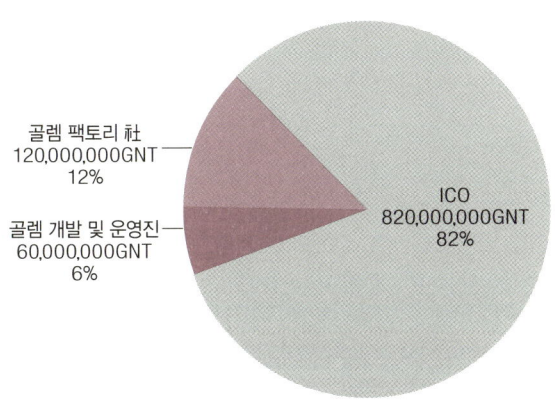

12억 개가 할당되었습니다.

투자 금액 배분

백서 White Paper 에 의하면, 투자 금액은 아래와 같이 분배됩니다. ICO 가 성공적으로 최대 투자금에 도달했기 때문에 왼쪽 아래의 그래프에

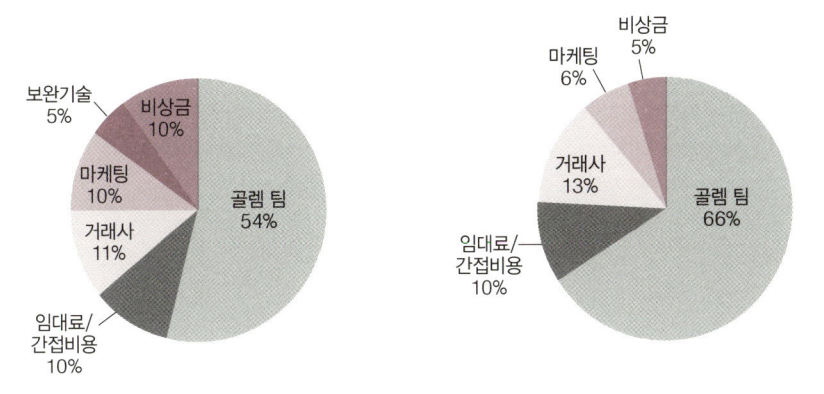

따라서, 골렘 개발 및 운영 팀에게 가장 많은 54%가 주어지며, 나머지 46%는 기타 비용으로 사용됩니다.

골렘 팀에 투입되는 비용은 20명(주로 개발자)의 4년간 임금입니다. 오피스 및 간접비용은 임대료 및 기타 간접비용에 사용됩니다. 거래사와의 비용으로, 4개 회사의 보안 정밀 조사를 받게 됩니다. 보완 기술은 골렘 프로젝트에서 필요한 보조적 기술을 도입하는 데 사용되며, 원래 존재하던 소프트웨어를 골렘이 원하는 방향으로 수정하는 데 필요한 비용입니다.

이더리움 vs 골렘: 가격 변화

ICO에서 골렘은 1000GNT=1ETH의 비율로 배분되었습니다. 1GNT당 0.001ETH에 해당하는 금액입니다. ICO에 참가한 투자자 입장에서 이더리움 가격을 기준으로 2017년 8월 10일 이전에는 전반적으로 이득이었으나, 2017년 8월 10일 이후에는 전반적으로 손해를 나

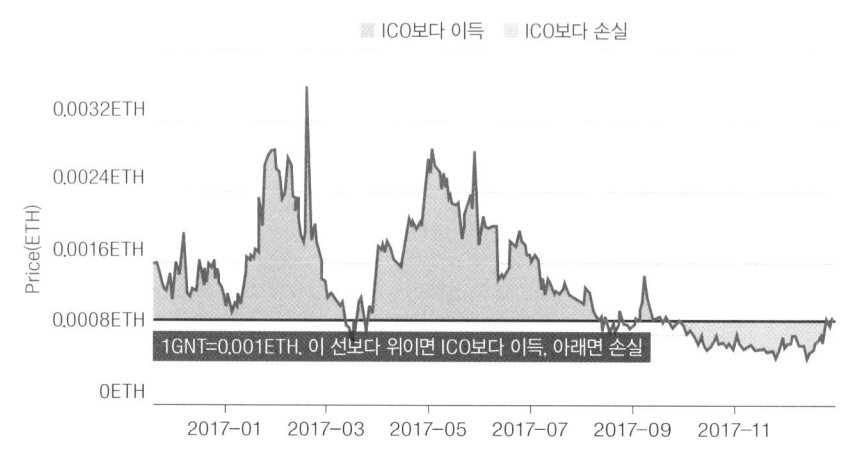

GNT 크라우드 펀딩 투자자의 손익

타냈습니다. 물론 이더리움에 비해 상대적인 손해를 나타낸 것일 뿐, 절대적인 달러 가치로 판단했을 때 골렘 토큰은 2017년 8월 10일~12월 25일간 달러 가치로 2.52배 상승했습니다.

골렘 프로젝트와 경쟁 프로젝트

골렘 프로젝트 개발 일정

이더리움으로 진행되었던 ICO의 결과에 따라 일부 프로젝트는 진행되지 않을 수도 있었으나, 목표했던 '최대 투자금'인 820,000ETH에 도달함으로써, 골렘 프로젝트에서 목표했던 모든 기능이 정상적으로 개발될 예정입니다.[18]

개발 일정과 관련하여 골렘 프로젝트의 CEO 줄리안은 2017년 5월에 더 이상 첫 개발 단계인 황동 골렘의 완료일을 특정하지 않고 꼼꼼하게 개발할 것이라고 발표[19]했습니다. 크라우드 펀딩 당시 계획했던 황동 골렘의 출시일은 2017년 5월이었고, 줄리안은 이미 목표일을 지키기는 불가능하다고 판단했습니다. 따라서 개발 일정을 무리하게 앞당기기보다는 프로젝트의 품질을 높이는 것이 우선이라고 결론지었고, 황동 골렘의 개발 완료 예정일에 대해 더는 발표하지 않을 것이라고 언급했습니다.

ICO 당시의 개발 예상 기간

	ICO 당시의 개발 예상 기간	활용 분야
황동 골렘	ICO 시점 ~ 6개월	CGI 렌더링
찰흙 골렘	ICO 시점 ~ 15개월	CGI 렌더링, 계산화학, 머신러닝
돌 골렘	ICO 시점 ~ 24개월	CGI 렌더링, 계산화학, 머신러닝, SaaS 모델
철 골렘	ICO 시점 ~ 48개월	CGI 렌더링, 계산화학, 머신러닝, SaaS 모델

개발 일정에 구애받지 않고 개발을 진행한다는 것은 품질절대주의로 개발한다는 점에서 일부 긍정적인 측면은 존재합니다. 하지만 개발 지연은 ICO 및 GNT 토큰에 투자한 투자자들과의 약속을 어기는 행위입니다. 충분한 개발 자금과 인력을 보유했으면서도 개발 과정이 지연될 수도 있습니다. 하지만 지연된 경우에도 앞으로 어느 정도의 기간 안에 개발이 완료될지 미리 공지하는 것이 중요하다고 생각합니다. 골렘 프로젝트는 안타깝게도 1번의 지연 이후 완료 시점을 명시하지 않았습니다.

4단계의 골렘 프로젝트

골렘 프로젝트의 개발은 ① 황동 골렘Brass Golem, ② 찰흙 골렘Clay Golem, ③ 돌 골렘Stone Golem, ④ 철 골렘Iron Golem의 4단계로 구분됩니다.

① 황동 골렘의 주요 목표는 컴퓨터 그래픽 렌더링 기능을 클라우드 컴퓨팅[9]으로 구현하는 것입니다. 현재 황동 골렘의 시험 버전[10]이 출시된 상황[20]으로, 완성버전은 2018년에 출시될 것으로 예상됩니다.

② 찰흙 골렘 단계에서는 렌더링뿐 아니라 다양한 종류의 작업을 수행할 수 있도록 업데이트하는 것입니다. 다양한 작업을 하는 만큼 안정화되지는 않아서, 얼리어답터가 사용하기에 적합한 단계입니다. 찰흙 골렘의 목표 중 하나는 상업용 렌더링 엔진과의 통합을 통해서 작업 요청자의 범위를 넓히는 것입니다. 또 계산화학Computational Chemistry[11] 및, 머

---

9 클라우드 컴퓨팅(cloud computing): 공유 컴퓨터를 통해 연산이나 저장소 등을 제공하는 서비스. 어느 장소에서나 접근할 수 있으며, 장비 구매 없이도 성능이나 용량을 손쉽게 향상할 수 있음. 더 이상의 서비스가 불필요한 경우에는 장비 판매 없이 성능 및 용량 조절이 가능하다.
10 알파 2 0.10.0, 2017년 12월 20일에 발표되었다.
11 계산화학: 계산으로 이론화학의 문제를 다루는 화학의 분야 중 하나.

신러닝Machine Learning 등의 분야에 진출할 계획입니다. 초기의 작업 요청자에게는 인센티브가 부여될 예정이며, PC 자원 제공자에 대해서는 데이터 센터 소유자, 채굴기 소유자들에게 특화된 마케팅이 진행됩니다.

③ 돌 골렘 단계에서는 기존의 찰흙 골렘을 좀 더 안정화하며, SaaS 모델[12]에서 사용되도록 합니다. 이 모델에서는 골렘과 독립적인 마케팅 팀에 의해서 작업 요청자에 대한 광범위한 마케팅이 진행됩니다. 또 골렘 프로젝트 외부에서 골렘 관련 개발을 진행한 우수 개발자에 대한 인센티브가 지원됩니다.

④ 철 골렘 단계에서는 소프트웨어의 안정성, 보안성이 극대화되며, 확장성도 확보됩니다. 또 골렘 표준 라이브러리도 지원됩니다. 광범위한 마케팅이 진행되며, 암호화폐와 무관한 개발자에 대한 마케팅을 강화합니다.

경쟁 프로젝트

분산 클라우드 컴퓨팅의 제공을 목적으로 하는 코인 혹은 토큰들은 크게 2가지 기능으로 분류할 수 있습니다. 하나는 디스크 공간을 제공하는 저장소 기능이며, 다른 하나는 연산을 제공하는 것입니다. PC로 비유하면 하드디스크나 SSD를 빌려주는 것이 저장소 기능이며, CPU와 RAM을 빌려주는 것은 연산 기능입니다.

2가지 중 먼저 등장한 것은 저장소 기능을 하는 코인입니다. 2014~2015년[13]에 클라우드 저장소를 목표로 하는 코인들이 속속 등장했습

---

12 소프트웨어 및 관련 데이터는 중앙에 호스팅되고 사용자는 웹 브라우저 등의 클라이언트를 통해 접속하는 형태의 소프트웨어 전달 모델.
13 비트코인톡(Bitcointalk)의 공지(ANN) 등록일: 스톨제이[2014년 4월 3일], 시아코인[2015년 5월 14일], 버스트[2014년 8월 10일], 파일코인[2014년 3월 8일]

니다. 저장소 요청자가 특정 공간의 저장소를 특정 기간 동안 빌리고, 저장소 제공자는 저장소 코인으로 보상을 받게 됩니다. 스톨제이[Storj]14, 시아코인[Siacoin], 파일코인[FileCoin] 등이 그 사례이며, 스톨제이와 시아코인은 윈도우 GUI 애플리케이션을 통해 스토리지를 빌려주고, 사용하는 것이 가능합니다. 파일 코인은 개발 초기 단계로 저장소를 통한 코인 채굴(콘솔 창)이 진행 중입니다.

2016~2018년(ICO 진행일 기준)에는 클라우드 컴퓨팅을 제공하는 것을 목표로 하는 토큰들이 등장했습니다. 그중 선두주자는 골렘이었으며, 아이엑스[iEXCE], 솜[SONM], 렌더토큰[Rendertoken], 스파크[SPARC]가 차례로 등장했습니다. 공통점은 5가지 프로젝트 모두 이더 토큰이라는 점, 적용 분야가 유사하다는 점, 이더리움 네트워크상에서 사용자의 컴퓨팅 자원

클라우드 컴퓨팅 토큰 비교[21] (가나다순)

한글명	골렘(Golem)	렌더토큰(Rendertoken)	솜(SONM)	스파크(SPARC)	아이엑스(iEXCE)
국가	폴란드	미국	러시아	캐나다	프랑스
토큰 분류	이더 토큰	이더 토큰	이더 토큰	이더 토큰	이더 토큰
ICO (예정) 일자	2016. 11. 11. ~11.	2017. 10. 05. ~12.	2017. 06. 15. ~17.	2018. 01. 15. ~	2017. 04. 19. ~20.
ICO 확보액($) (ICO 시점 기준)	$8,600,000	미공개 (목표액은 $134,000,000)	$42,000,000	(프리세일) $9,996	$12,000,000
ICO 확보액 (코인)	820,000ETH	미공개	107,625ETH	(프리세일) 49ETH	10,000BTC
적용 분야 예시 (Use Cases)	렌더링, 계산화학, 머신러닝	렌더링, 미디어, 게임, 제조업, 의학, VR	약학, 통계학, 기상학, 웹호스팅, 게임, 렌더링	VPN, 항공기 설계, 건축, 3D모델링	렌더링, 머신러닝, 채굴, 빅데이터
개발 완료 예정	2020	미공개	2020	미공개	2021 (ICO 펀딩 목표 4년)

---

14 현재 스톨제이는 이더리움 토큰, 시아코인, 버스트, 파일코인은 코인.

의 사용을 대가로 토큰을 지급한다는 점입니다. 하지만 개발이 진행되는 국가는 유럽이 3개국, 미주 2개국 등 5개 프로젝트가 각각 다릅니다.

유사한 서비스를 제공하는 코인에 국가별 경쟁이 붙은 양상입니다. 안타깝게도 한국에서는 아직 이러한 토큰은 등장하지 않았습니다. 2017년 11~12월 한국 투자자들이 비트코인의 가격 상승세를 유지했던 만큼 암호화폐 관련 기술은 한국에서 큰 관심을 끌고 있습니다. 이러한 관심과 투자가 실제적인 서비스 개발로 이루어질 필요가 있으며, 분산 클라우드 컴퓨팅 토큰 경쟁에서 한국이 우위를 차지했으면 합니다.

거래소

2016년 11월 13일, 골렘 네트워크 토큰GNT은 최초로 우크라이나의 리퀴Liqui 거래소에 상장[22]되었습니다. 골렘 개발팀은 폴란드에 위치하며, 우크라이나는 폴란드와 국경이 맞닿은 국가입니다. 또 2017년 2월 18일에는 미국의 폴로닉스Poloniex 거래소에 상장[23]되었으며, 3월 21일에는 셰이프시프트ShapeShift 거래소에 상장[24]되었습니다. 4월 17일에는 역시 미국의 비트렉스Bittrex 거래소에 상장[25]되었습니다.

GNT 거래소 순위

순위	거래소명	거래쌍	24h 거래량	가격	점유율
1	Bittrex	GNT/BTC	$12,812,300	$0.69	57.48%
2	Poloniex	GNT/BTC	$3,451,720	$0.69	15.48%
3	Liqui	GNT/BTC	$2,563,420	$0.70	11.50%
4	Bittrex	GNT/ETH	$1,130,020	$0.69	5.07%
5	Poloniex	GNT/ETH	$742,970	$0.69	3.33%

* 2017년 12월 26일 기준

2017년 12월 26일 기준으로, 비트렉스가 거래량의 57.48%를, 폴로닉스가 15.48%, 리퀴가 11.50%를 기록하고 있습니다.

주요 가격 변화

안정적인 성장: 2016년 11년 13일~

ICO가 종료된 이후 2017년 2월 18일, 골렘은 상장된 지 약 7개월 만에 코인 마켓 캡 11위를 기록[26]합니다. 이어서 4월 28일에는 마켓 캡 10위까지 상승[27]했습니다. 2016년 11월 18일~2017년 3월 13일까지 GNT 가격은 1.9배 상승했습니다.

1차 상승기: 2017년 6월 19일 전후

골렘의 경우 4단계 골렘 중 첫 번째 '황동 골렘'의 개발이 가장 큰 호재였습니다. 원래의 개발 계획대로라면 ICO가 종료된 후 6개월인

GNT 가격 변동

5월 11일에 완성되었어야 했습니다. 하지만 황동 골렘은 완성되지 못했으며, GNT의 가격은 지속해서 상승세를 나타냈고, 2017년 6월 19일에 가격이 최고에 다다릅니다. 레딧 커뮤니티[28]에서는 황동 골렘이 언제 업데이트될지에 대해서 6월에 완료될 것, 무기한 연장될 것, 2017년 중에 완료될 것 등의 다양한 의견이 제시되었습니다. 한편 2017년 3월 28일부터 6월 19일까지 GNT 토큰의 가격은 5.9배 상승했습니다.

2차 상승기: 2017년 9월 6일 전후

2017년 4월 28일의 인터뷰[29]에서 골렘의 CEO 줄리안은 "암호화폐의 가격에 집중해서는 안 된다. 암호화폐의 미래의 흥망을 알 순 없지만, 현재 골렘 프로젝트를 열심히 진행하고 있다는 것은 분명하다"라고 말했습니다.

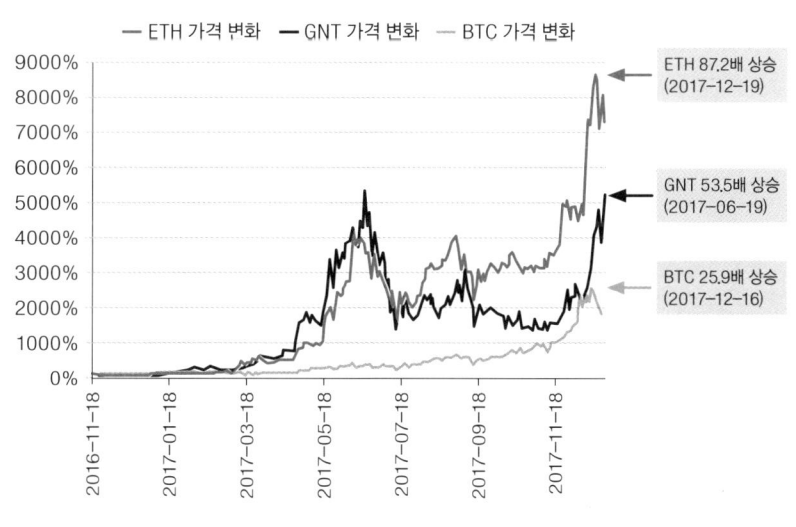

GNT, BTC, ETH의 상대적 가격 변화: 2016년 11월 18일~2017년 12월 25일

* 2016년 11월 18일의 가격을 100%로 함

2017년 9월 6일에는 토큰 에어드롭 소식[30]이 전해졌습니다. '싱귤러DTV Singular DTV' 토큰의 OMG 에어드롭을 따라한 것으로, 골렘을 보유하고 있는 투자자에게 일정 비율로 싱귤러 DTV 토큰을 배분하는 방식이었습니다. 2017년 8월 17일부터 9월 6일까지 GNT 토큰의 가격은 1.7배 상승했습니다.

2016년 11월~2017년 12월간 ETH가 가장 큰 상승률을 나타냈으며, GNT와 BTC가 다음 순위를 차지했습니다. 특히 2017년 11~12월의 모습을 살펴보면 BTC와 ETH가 하락세인 상황에서도 상승하는 흐름을 나타냈습니다. 예정된 개발 기간이 적어도 3년 이상 남아 있고, 단기적인 호재가 많지 않은 상황에서도 꾸준한 상승을 보여주고 있어서 앞으로 3년 후가 기대되는 토큰입니다.

이더리움 토큰이며, 이더리움을 통해 ICO가 이루어진 만큼 이더리움과 비슷한 패턴의 가격 흐름을 보입니다. 2016년 11월~2017년 7월까지는 거의 일치하다가, 그 이후에는 이더리움의 상승세가 두드러졌습니다. 그러나 상승 및 하락이 시작되는 시점은 유사성을 나타내었습니다.

구글 트렌드 변화

검색어 '골렘 코인 Golem Coin'에 대한 검색량(구글 관심도)은 대체로 가격 변화와 유사한 흐름을 나타냈습니다. 1차 상승기인 2017년 6월, 2차 상승기인 2017년 9월 모두 가격이 가장 고점을 기록했을 때 검색량도 고점을 나타내었습니다.

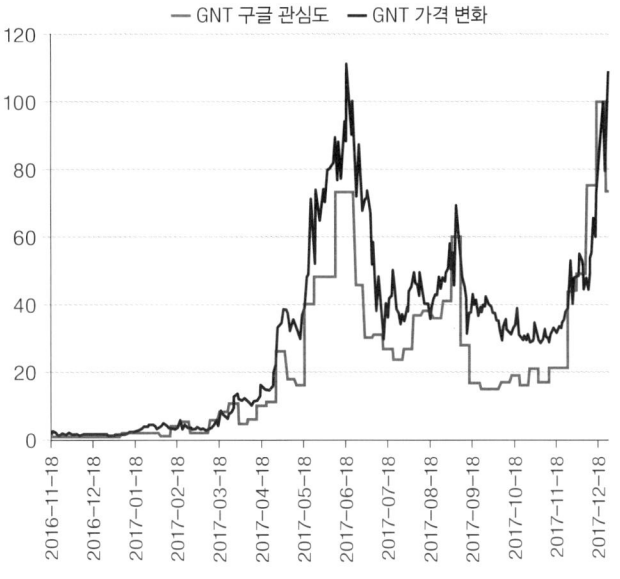

GNT 가격과 구글 관심도: 2016년 11월 18일~2017년 12월 25일

* 2017년 12월 21일의 가격을 100%로 함

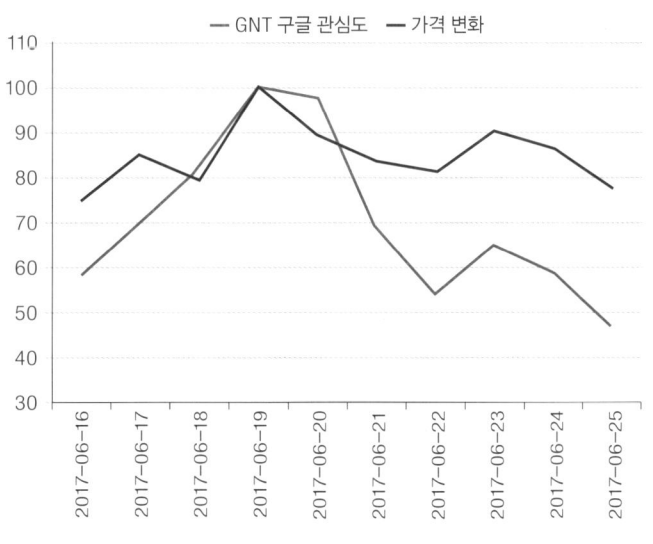

GNT 가격과 구글 관심도: 2017년 6월 16~25일

* 2017년 6월 19일의 가격을 100%로 함

GNT 가격과 구글 관심도: 2017년 9월 1일~10월 5일

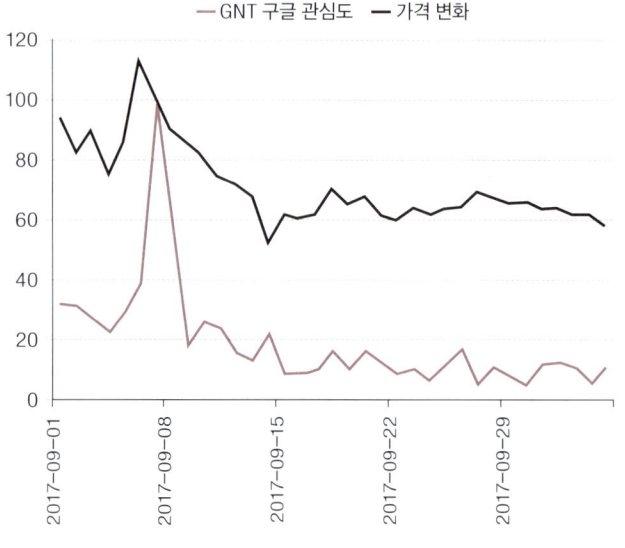

* 2017년 9월 7일의 가격을 100%로 함

GNT 지역별 관심도: 2016년 11월 18일~2017년 12월 25일

순위	국가	관심도
1	네덜란드	100
2	오스트레일리아	81
3	싱가포르	57
4	캐나다	52
5	벨기에	50
6	오스트리아	50
7	뉴질랜드	48
8	미국	45
9	아일랜드	33
10	덴마크	30

* 색이 진할수록 관심도가 높음

07 아인슈타이늄
Einsteinium

소개

아인슈타이늄Einsteinium, EMC2은 캐나다에서 설립된 비영리 재단 '아인슈타이늄 재단Einsteinium Foundation'이 연구, 프로젝트, 교육에 필요한 자금을 지원하기 위해 만들어졌습니다. EMC2는 라이트코인의 코어에 기반을 두고 만들어졌습니다.[1]

또한, 채굴한 코인의 2.5%는 자동으로 해당 재단의 '기반 조성 자금Foundation Fund'으로 기부된 후 2%는 위와 같은 과학 연구 지원금으로 이용되고 0.5%는 마케팅 비용으로 쓰입니다.

채굴은 '시기Epoch'라는 단위로 나뉘는데 각 시기Epoch는 36,000개의 코인 블록을 포함하고 있으며 대략 25일 정도의 시간이 소요됩니다.

웜홀 이벤트

일반적으로 아인슈타이늄의 블록 리워드는 시간이 지날수록 감소하게 되며, 2017년 11월 30일 기준 블록은 1,684,898으로 블록 리워드는 4입니다.

EMC2 블록 리워드 변화

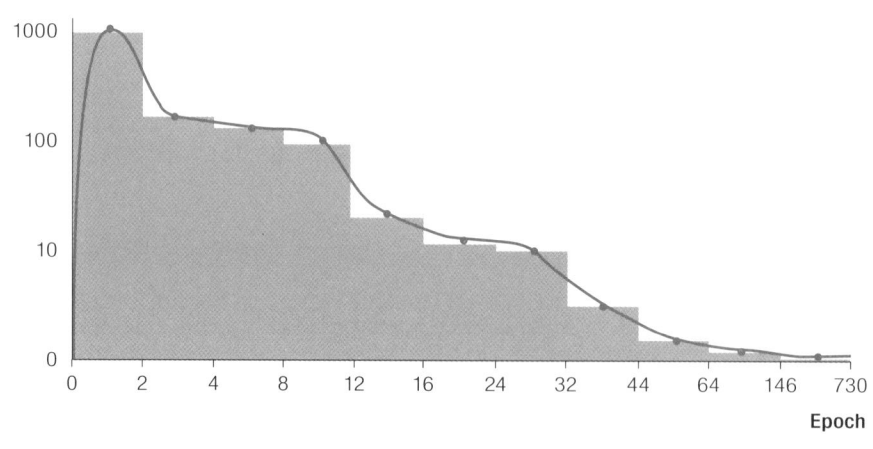

한편 EMC2 코인의 고유한 특징인 '웜홀Wormhole' 이벤트는 블록 리워드를 변경시킵니다. 2번째 시기 이후 1기마다 랜덤Random하게 발생하는 웜홀 이벤트는 180블록 동안 진행됩니다. 이때의 블록 리워드는 2973으로 이벤트가 진행되는 동안 코인 공급량이 많이 증가합니다. 한 번의 웜홀 이벤트를 통해 535,140개의 EMC2 코인이 발행됩니다.

하지만 웜홀을 악용하는 경우가 많이 발생하고 지나친 변동성이 문제로 부각되자 개발진은 2017년 9월 8일 웜홀을 제거하기로 발표했습니다. 웜홀을 제거하는 하드포크의 예정일은 원래 2017년 10월이었으나, 여러 문제로 인해서 2017년 12월 7일 블록 1699157에 하드포크가 진행되었습니다.[2]

하드포크 및 개발 소식

하드포크가 진행되면 웜홀 이벤트는 사라지고, 코인 5,500만 개가 삭제됩니다. 개발진은 하드포크 예정일 이전에 정상적으로 지갑 및 거

EMC2 트위터 게시글

래소에 코인을 안전하게 보관해야 한다는 것을 강조했습니다.[3] 현재 해외 거래소인 폴로닉스^{Poloniex}, 비트렉스^{Bittrex}와 국내 U거래소, 그리고 지갑 서비스 업체 코이노미^{Coinomi} 등이 지원 소식을 알렸습니다.

현재 EMC2 개발팀은 하드포크 외 중요한 소식을 12월 19일에 알릴 예정이라고 발표했습니다.[4] 하지만 그 업데이트 내용이 무엇인지는 공개하지 않았습니다. 덕분에 트위터 사용자들은 댓글을 통해 여러 가십을 만들어냈습니다.

우선 '애플과의 협력설'입니다. EMC2 재단 측은 애플과 아직은 어떠한 계약도 맺지 않은 상태라고 발표했지만, EMC2 재단 입장에서 애플과 협력할 수 있다는 것은 대형 호재입니다. 그렇지만 커뮤니티 사용자들은 거대 기업인 애플 입장에서 EMC2 코인과 협력하여 얻을 수 있는 것이 많지 않을 것으로 보고 허황된 이야기라며 불신하고 있습니다. EMC2 재단은 분명 애플을 언급했으나, 앱스토어에 '지갑^{Wallet} 애플리케이션 출시'한다는 단순한 내용일 경우에는 코인 가격에 큰 영향을 줄 수 없습니다.

두 번째는 코인의 소각입니다. 이미 5,500만 개의 코인이 하드포크를 통해 삭제될 예정입니다. 이 소각에 덧붙여 추가적인 코인 소각이 진행될지는 불분명합니다.

세 번째는 개발진의 코인 상승 후 매도$^{pump\ and\ dump}$ 전략이라는 설입니다. 개발진이 의도적으로 코인 가격을 상승시키고, 기대감이 극도에 다다랐을 때 매도할 것이라는 추측입니다. 하지만 발표 내용은 채굴 방식의 변경(ASIC → GPU)이었고, 이는 큰 호재를 기대했던 사용자들에게 허탈감만 안겼습니다.

최근까지 진행된 기부 내용

EMC2 토큰을 통해 간접적으로 미래 과학기술의 발전에 기여할 수 있다는 점에서 코인 투자자들은 매력을 느끼고 있습니다. 아인슈타이늄 재단은 현재까지 1,600만 개의 EMC2를 기부했다고 알려졌으며, 이 금액은 약 800만 달러[EMC2=$0.5(USD)]에 해당합니다.

월터 모스$^{Walter\ Moss}$라는 과학자는 2014년 4월에 $1000(USD) 상당의 EMC2코인을 지급받았고, 추가로 기부를 통해서 $600(USD)에 해당하는 EMC2 코인을 받았습니다.[5] 그는 암의 원인에 대해 연구하는 학자입니다.

2015년 1월에는 $700의 자금을 모금[6]하여, 로버트 하빅스^{Robbert}

Havekes에게 지원금이 전달되었습니다. 그는 미국 필라델피아의 뇌 과학자로, 수면 부족으로 인한 기억 상실에 대해 연구했습니다.

분석

기부의 사례를 적극적으로 알리지 않는다는 점과 회당 기부 금액이 적다는 것은 한계점입니다. 기부에 대해 유튜브 페이지를 통해 홍보 및 알림을 해왔으나, 2014년 이후에는 뜸한 상황입니다. 또 채굴로 새로 공급되는 코인의 일부만 기부되므로, 단순 트레이더는 따로 EMC2 재단의 주소로 기부금을 전송하지 않는 한 과학 연구에 기부할 수가 없습니다.

기부의 종류

아인슈타이늄에서 기부는 2가지로 나뉩니다. 하나는 채굴 수익의 2%를 모아서 기부하는 것, 다른 하나는 자발적 기부를 받는 것입니다. 현재 재단의 과학 기부용 지갑에는 200만 개 이상의 EMC2가 보관되어 있으며, 총 2,000만 개를 수신한 것으로 확인되었습니다.[7]

기본 정보

- 기준일: 2017년 11월 28일
- 가격: $0.479408
- 마켓 캡: $103,575,398
- 24시간 거래량: $35,476,500
- 공식 홈페이지: https://www.emc2.foundation/

개발진 및 경영진

개발진은 블라단 볼라조빅Vladan Bozilovic을 중심으로 비즈니스 개발자 밀로스 밀리치Milos Milic, 모바일 개발자 밀로스 스토시크Milos Stosic 등으로 구성됩니다. 미국, 러시아, 세르비아, 대만, 이탈리아 등 각국의 개발진과 운영진을 보유하고 있으며, 블루랩BlueLab, 체인웍스ChainWorks와 파트너십을 맺고 있습니다.

운영진은 CEO인 몰든 트리퍼노비치Malden Trifunovic를 중심으로 프로젝트 코디네이터 라이언 라이트Ryan Wright, 회계 담당자 조너선 라우지르Jonathan Lauziere, 전략 분석 담당자 에릭 칼더Erick Calder 등으로 구성되어 있습니다.

개발 활성 정보 분석(깃허브)

EMC2 코인 깃허브 페이지의 총 커밋 횟수는 11,722건이었습니다. 9월 이후의 커밋을 정리해보면, (master_EMC2_HardFork만을 포함) 하

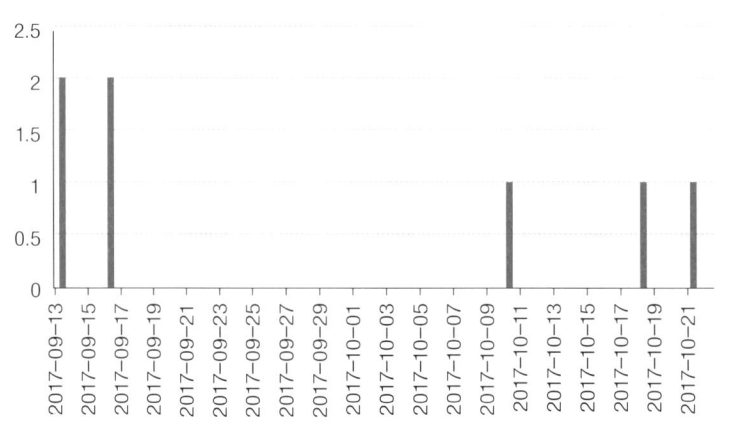

2017년 9월 이후 EMC2 커밋 횟수

커밋 통계: 2009년 8월 30일~2017년 12월 1일

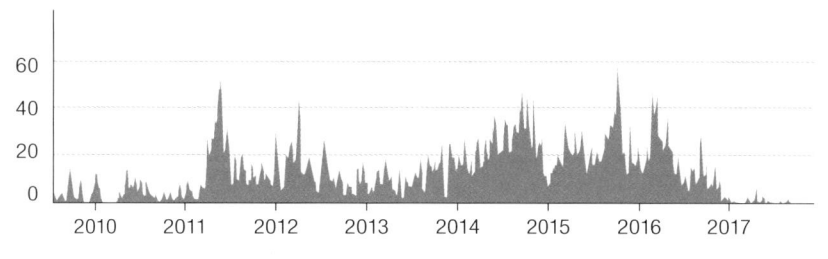

루 평균 커밋 횟수는 1.4개로 평균 커밋 9.5일마다 업로드되었습니다. 또 커밋을 올린 날짜의 평균 커밋 수는 0.18을 나타내었습니다. 커밋은 2014년 중반부터 2016년 중반까지 집중적으로 이루어졌고, 총 커밋 횟수보다 최근의 커밋 수가 저조합니다.

거래소

비트렉스, 폴로닉스, 크립토피아Cryptopia 등에서 거래되고 있으며, 비트렉스에서 가장 많은 거래량을 나타내고 있습니다. 한국의 U거래소에서도 비트렉스를 통한 EMC2의 거래가 가능합니다.

EMC2 거래소 순위

순위	거래소명	거래쌍	24h 거래량	가격	점유율
1	Bittrex	EMS2/BTC	$14,247,000	$0.42	81.02%
2	Poloniex	EMS2/BTC	$3,205,400	$0.42	18.23%
3	Cyptopia	EMS2/BTC	$130,808	$0.43	0.74%
4	Cyptopia	EMS2/LTS	$941	$0.38	0.01%

* 2017년 12월 1일 기준

앞으로의 개발 일정

프로젝트	설명	진행율
웹 지갑	인보이스의 생성, 전송, 수신 등	30%
모바일 지갑	모바일 상에서의 지갑 기능	50%
API	블록체인에 경험 없는 개발자를 위한 API	40%
EMC2Me	과학, IT, 암호학 등의 연구를 위한 펀딩 플랫폼	30%
Weeee…	소셜 미디어 플랫폼으로, 선물로 코인을 전송 가능	20%
슈퍼 지갑	EMC2 코인을 이용해 바로 신용카드 결제 가능	0%
제로 리스크	마진 트레이딩과 반대되는 것으로, 약간의 비용을 지불하고 안전함을 보장받음	0%
4YOUEMC2	EMC2를 이용해 물건을 사고 파는 온라인 장터	70%
Einsteimium SDK	Nodejs, C#, Java, pho 등에서 쉽게 연동할 수 있는 SDK	0%
Einsteinium 직불카드	EMC2 코인을 이용한 직불 카드	0%
Einsteinium 어워드	연례 행사로, 최고의 과학 및 기술 연구자, 학생들에게 트로피를 주는 행사	0%

로드맵

EMC2 재단 공식 홈페이지에 따르면 각종 프로젝트의 개발이 한창 진행 중입니다. 지갑, 직불카드 및 신용카드, API, 펀딩 플랫폼 등 다양한 분야에서 개발이 이루어지고 있습니다.

주요 가격 변화

기존에 횡보를 이어오고 있던 가격은 2017년 9월 8일의 첫 하드포크 발표 후 약간의 하락이 있었지만, 점차 상승했습니다. 하지만 20017년 10월 3일의 첫 번째 하드포크 연기 발표 전후로 점차 가격이 하락했습니다. 2017년 10월 22일에는 연이은 하드포크 연기 소식이 발표되었지만, 이미 영향을 받은 EMC2 가격 변동은 크지 않았습니다.

하지만 2017년 11월 15일, 폴로닉스 거래소에서 하드포크를 지원한다는 소식에 가격이 급등했고, 11월 23일의 로드맵 공개, 한국 카카오톡 채팅방 오픈 등 여러 호재로 추가적인 상승이 이루어졌습니다.

분석

EMC2 코인의 가격 변동은 하드포크에 크게 영향을 받습니다. 다른 코인들도 하드포크가 가격 변화에 밀접한 영향을 주지만, EMC2는 하드포크로 6배 이상 상승하여 그 상승 폭이 다른 코인보다 컸습니다. 하지만 가격이 급등한 만큼 급락할 위험성^{Risk}도 고려해야 할 것입니다.

어떤 기사에서는 EMC2의 급등을 하드포크 기대감 및 통화량 감소로 인한 상승이라고 하지만, 그 정도가 가격의 10배 향상을 만들어낼 수는 없는 상황입니다. 무엇보다 다른 50위권 코인들의 커뮤니티 규모보다 상대적으로 작고, 일반 기부와의 차별성이 부족하기 때문에 가격

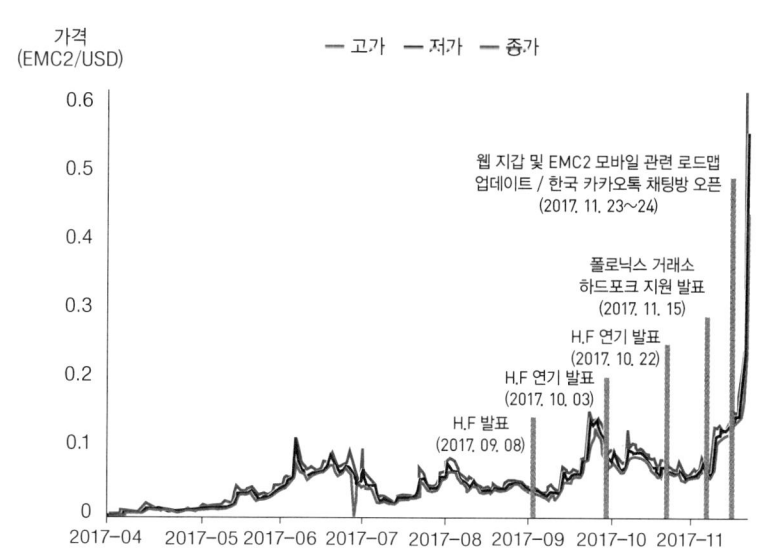

EMC2 가격 변동: 2017년 4월 17일~11월 23일

상승의 위험성을 지적했습니다. 결국 상승 후 매도하려는 수요자가 많을 것으로 추정되기에 성급한 투자를 경고했습니다.[8]

웜홀 이벤트와 가격 변화

알려진 웜홀 시점은 아래와 같습니다.

시작 블록	끝블록	시작 시간	끝난 시간
42206	42386	2014-03-30 06:12	2014-03-30 09:04
307569	307748	2014-11-15 07:40	2014-11-15 18:41
345963	346142	2014-12-29 11:57	2014-12-29 14:47
377684	377863	2015-01-25 16:26	2015-01-25 20:47
471262	471441	2015-04-11 18:39	2015-04-12 03:19
1662160	1662339	2017-11-13 04:51	2017-11-13 07:40

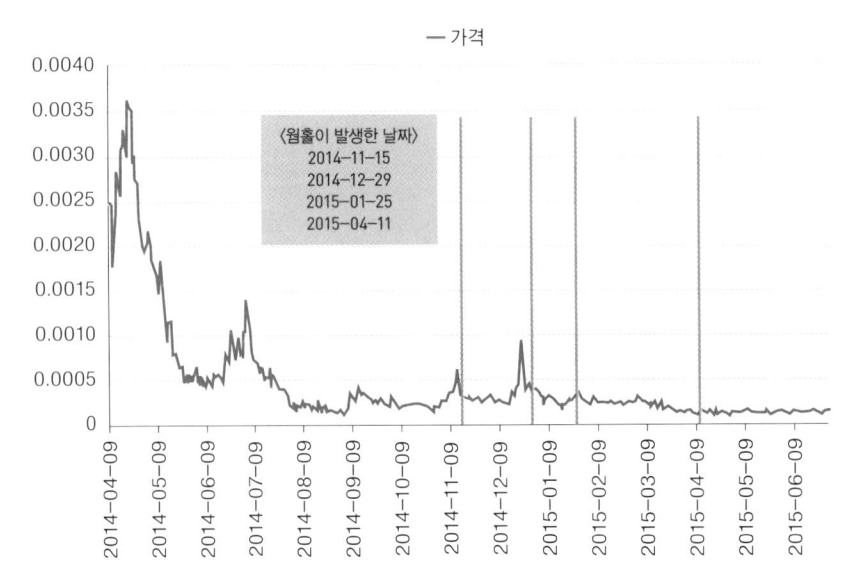

웜홀 이벤트와 EMC2 코인의 가격 변동

웜홀이 발생한 시점의 가격 변화를 살펴보면, 웜홀 직전에 가격이 급상승하고, 웜홀 이후에 완만하게 하락하는 모습을 관찰할 수 있습니다. 그 이유는 웜홀 이벤트로 인하여 사람들의 관심이 증가하고, 그에 따라 가격이 상승하는 것으로 추정됩니다. 또 웜홀 이벤트가 발생하면 순간적으로 코인 공급이 증가하게 되므로 수요-공급 원리에 따라 가격이 하락한 것으로 예상됩니다.

EMC2 재단의 자금 조달

EMC2 코인의 채굴 수수료 중 2.5%를 재단이 보유하게 됩니다. EMC2 재단은 그중 2%를 과학 발전에 기부하고, 나머지 0.5%는 재단의 마케팅 비용 등에 사용한다고 언급했습니다. 별도의 프리마이닝은 이루어지지는 않았습니다.[9]

채굴

현재 채산성

EMC2 코인은 라이트코인과 동일한 스크립트 해시 방식을 사용합니다. GPU 채굴로는 채산성이 좋지 않기 때문에 에이직ASIC을 이용한 채굴이 권장됩니다.

채산성은 12월 1일 앤트마이너 L3+ 기준으로 하루에 약 $19를 나타내며(전기료 제외), 신제품 가격은 약 390만 원으로 손익분기점은 195일입니다.

마이닝 풀

2017년 11월 27일 기준 총 해시는 약 131.09 GH/s[1]를 나타내고 있으며, 주요 마이닝 풀의 해시레이트는 아래 표와 같습니다.

Pool	Speed
Suprnova.cc	43.3 GH/s
Hash to Coins	75.8 GH/s

블록 리워드 및 통화 공급량

계획된 블록 리워드는 1블록당 1~1024EMC2이며, 시기에 따라 점차 감소하게 됩니다. 블록 타임은 60초입니다. 총 299,792,458의 EMC2 코인 발행이 예정되어 있으며, 현재까지 216,065,116개가 발행되었습니다.

현재 블록의 시기를 기준으로, 하루에 1,440개의 블록과 5,760개의 EMC2가 생성됩니다. 한 달에는 약 172,800개, 1년에는 약 2,073,600개의 EMC2가 만들어집니다.

1시간의 분^{minute}×1일의 시간 = 1일의 분: 60×24 = 1440분

1일의 분/블록 타임 = 하루의 블록 횟수: 1440분/1분 = 1440번

하루의 블록 횟수×현재의 블록 리워드(Reward)

: 1440×4 = 5760EMC2

하루×30 = 한 달, 한 달×12 = 1년

* 앞으로 블록 리워드는 2, 1로 감소 예정

---

[1] 1GH/s=초당 1,000,000,000 해시

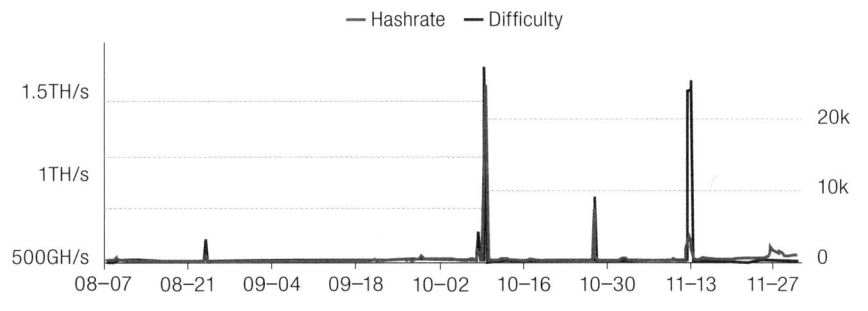

EMC2 해시레이트와 난이도 변동: 2017년 8월 4일~12월 1일

해시레이트와 난이도

해시레이트와 난이도는 상당히 유사한 움직임을 나타내고 있습니다. 예외적으로 2017년 11월 13일의 난이도는 해시레이트보다 큰 폭으로 상승했는데, 그 이유는 웜홀 이벤트 때문으로 추정됩니다.[11] 2017년 11월 13일, 블록 1662160(04시 51분)~블록 1662339(07시 40분)까지 웜홀 이벤트가 진행되었습니다. 웜홀 이벤트로 채굴 수익이 갑작스럽게 증가하고, 그 결과 채굴자들의 해시레이트가 급격히 유입됩니다. 또 해시레이트가 낮아 더 큰 변동을 나타냈을 가능성도 존재합니다. 최근의 난이도는 해시레이트에 맞추어 점차 증가하는 추세입니다.

분석

기존의 웜홀 이벤트는 블록 리워드를 급격하게 증가시켰기에 이 시기에 채굴자들이 급격하게 유입됐습니다. 특히 최근 블록 리워드는 출시 초반의 시기보다 상당히 감소하여 블록당 4입니다. 이러한 시기에 웜홀 이벤트가 발생하면 순간적으로 블록 리워드가 2,973으로 740배 이상 급격히 상승하게 됩니다. 게다가 정확한 웜홀 이벤트의 시점은 미공개이며, 지나간 웜홀 이벤트도 전부가 아닌 일부만 홈페이지에 소개되었습니다. 웜홀 이벤트의 지속 시간도 짧게는 3시간, 길게는 11시간 정도로, 기존 채굴자들이 웜홀 이벤트 시점을 미리 알지 못한다면 재빨리 채굴하기 어렵습니다.

웜홀이라는 이름은 매우 과학적입니다. 하지만 웜홀 이벤트의 시점이 무작위적이라는 특징, 급격하게 보상이 늘어난다는 점, 그 보상이 소수에게만 집중된다는 점에서 매우 투기적이며 일부에게만 웜홀 이벤트의 이익이 집중된다고 볼 수 있습니다.

따라서 이번 EMC2 재단이 웜홀 이벤트를 삭제하고자 한 결정은 다수의 코인 사용자를 위해서는 옳은 선택이었다고 생각합니다. 이전의 웜홀 이벤트가 단순히 관심을 끌기 위한 용도였다면 이미 EMC2 코인의 목적은 달성했기 때문입니다. 하지만 이미 과거에 많은 웜홀 이벤트를 통해서 일부 채굴자에게만 무작위적으로 다량의 코인을 지급한 것을 좋게만 볼 수는 없습니다.

개발진 및 관련자들은 외부인보다 내부 정보를 이용하여 이 시기의 채굴 이득을 효과적으로 얻을 것이며, 일종의 개발자의 몫 Founder's Reward 처럼 사용되었을 가능성도 존재합니다. 개발자의 몫이 더 필요했다면 공

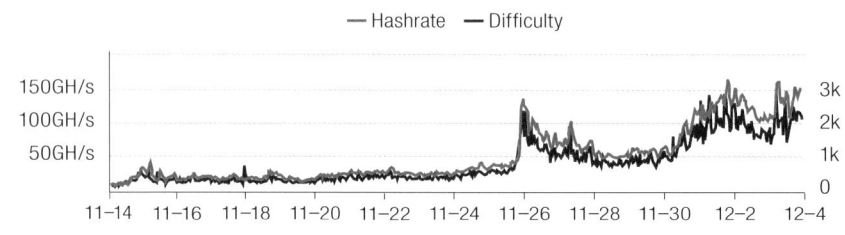

EMC2 해시레이트와 난이도 변동: 2017년 11월 14일~12월 5일

정하고 모든 채굴자에게 동등한 방법을 취했어야 한다고 생각합니다.

구글 트렌드 변화

EMC2의 구글 검색량(구글 관심도)은 2017년 4/4분기 들어서 급격한 상승을 나타냈으나, 그 이전에는 미미한 변동을 보였습니다. 2017년 11월 26일에 관심도가 가장 높은 수준을 나타냈고, 이후 하락하는 모습을 나타냈습니다.

2017년 11월 26일에 관심도는 낮아졌으나, 오히려 가격은 더욱 상승하는 모습을 나타냈습니다.

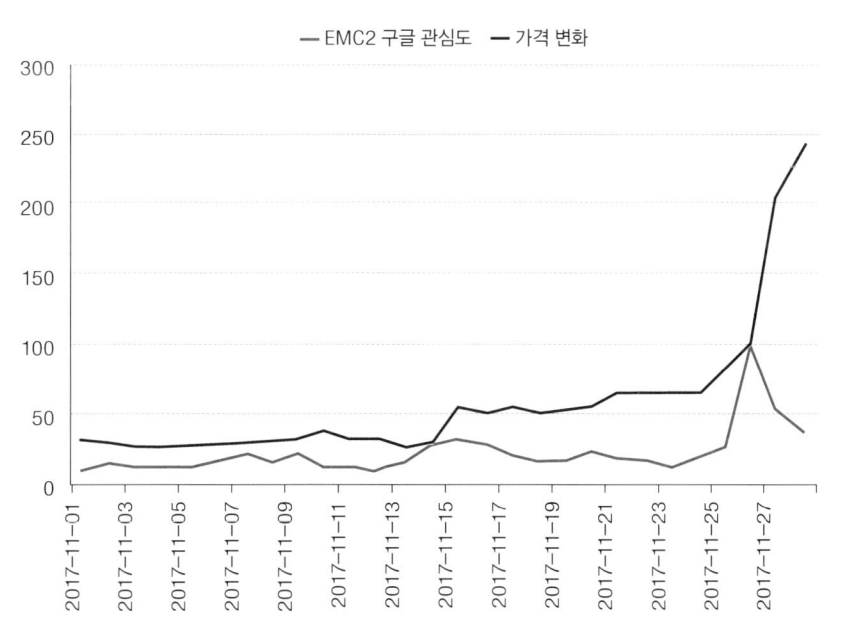

EMC2 가격과 구글 관심도: 2017년 11월 1~27일

* 2017년 11월 26일의 가격을 100%로 함

EMC2 가격과 구글 관심도: 2017년 11월 25~29일

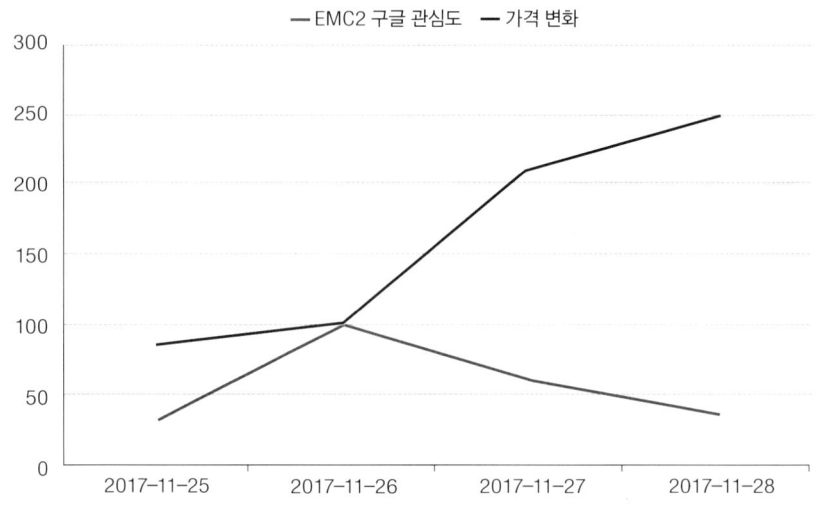

* 2017년 11월 26일의 가격을 100%로 함

08
바이텀
Bytom

CryptoCurrency Investment Strategy Report

소개

바이텀^{Bytom}의 목표는 실물세계$^{Atomic\ Asset}$와 가상세계$^{Byte\ Asset}$의 자산을 연결하는 것으로 단위는 BTM입니다. 이를 통해 자산을 거래할 때 기록을 위·변조할 수 없게 만드는 분산 네트워크를 만들 계획입니다. 바이텀은 2017년 6월, 비트코인톡^{Bitcointalk} 커뮤니티[1]에 첫 개발 소식을 알렸습니다. 이 글을 업로드한 계정은 중국의 코인 뉴스 및 커뮤니티 사이트인 8btc.com 공식 계정이었습니다.[2]

BTM은 이더리움[1] 토큰[2]으로, 현재까지도 지속적으로 개발되고 있습니다. 주요 개발 언어는 Go 언어로, 구글에서 개발해 쉽고 단순한 구조가 특징입니다. 코인 마켓 캡 기준 2위 코인 이더리움도 Go와 C++로 제작되었습니다.

앞으로 만들어질 바이텀 코인은 작업증명 방식으로 운영될 계획이며, 채산성이 낮아진 구형 에이직^{ASIC}의 기능을 충분히 활용할 수 있

---

1 이더리움(Ethereum): 코인 종류의 하나. DApp 등 다양한 분야로 활용된다는 점에서 화폐로만 사용되는 비트코인과 차이가 있다.
2 토큰(Token): 일정한 가치를 지니며, 사고 팔 수 있는 대상으로, 다른 블록체인(이더리움 등)을 통하여 작동한다. 일반적으로 ICO를 통해 배분되며, 이더리움의 ERC20 토큰이 대표적으로 '코인'과 비교된다.

는 독특한 채굴 방식을 제공할 예정입니다. 비트코인의 해시 방식[3]인 SHA256과 유사한 SM3 방식을 적용할 계획입니다. SM3 방식은 중국의 국가 암호 관리국 State Cryptography Administration 이 2010년 12월 17일에 발표한 암호 해시 알고리즘[3]입니다.

앞으로의 개발 계획

바이텀은 아직 완성된 코인이 아닌 토큰입니다. 소스코드도 미완성으로 한창 개발 중입니다. 2017년 9월 29일에 최초의 테스트 넷[4] '빅뱅 Big Bang'[4]을 발표했으며, 2018년 2/4분기에 바이텀 1.0이 출시될 예정입니다. 또 바이텀의 개발, 투자 관계, 마케팅 등을 총괄하는 '바이텀 재단 Bytom Foundation'은 2017년 8월 10일 싱가포르에 설립되었습니다.[5]

한편 바이텀의 프로젝트 진행 비용은 상당 부분 ICO로 조달되며, 그 외 필요한 투자금은 사모펀드[5]와 프리마이닝 코인을 통해 조달할 계획입니다.

BTM의 로드맵

2017년 1월	바이텀 블록체인 프로젝트 시작
2017년 6월	사모펀드 투자금 확보 완료
	백서 발행
	투자금 확보 계획 발표
2017년 4분기	테스트넷 발표
2018년 1분기	바이텀 블록체인 운영 규칙(Charter) 발행
	바이텀 투자자 위원회(Assembly)의 최초 회의
2018년 2분기	바이텀 블록체인 v1.0 발행

---

3   작업증명 코인의 경우 채굴 과정에서 제시되는 암호 문제의 유형. 이더리움 계열은 Ethash, 비트코인 계열은 SHA 256, 라이트코인은 Scrypt, 제트캐시는 Equihash 등의 다양한 해시 방식이 존재한다.
4   테스트넷(Test Net): 메인넷(Main Net)의 반대말. 테스트넷의 코인과 블록은 실제 코인과 별개의 것으로, 일반적으로 화폐적 가치가 없다. 일반적으로 코인이 완성되기 전까지 수차례의 테스트넷을 거친다.
5   사모펀드(Private Equity Fund): 투자자로부터 모은 자금을 주식, 부동산, 코인 등에 운용하는 펀드.

기본 정보

- 기준일: 2017년 12월 26일
- 가격: $0.378615(USD)
- 마켓 캡: $373,693,005(USD, 60위)
- 24시간 거래량: $9,318,160(USD)
- 공식 홈페이지: http://bytom.io/

개발진 및 경영진

바이텀의 공식 홈페이지의 개발 및 경영진 7명 중 6명은 중국의 코인 커뮤니티 사이트인 8btc.com에서 일하고 있으며,[6] 대표인 창지아CHANG JIA는 8btc.com의 공동 설립자입니다. 바이텀 홈페이지에서는 찾아볼 수 없으나, 자칭 '중국 가상화폐의 전도사'인 우지한[7]이 8btc.com을 설립했다는 점을 고려하면, 우지한과의 관련성도 배제할 수는 없습니다.

바이텀의 대표 창지아는 중국의 유명한 공상과학 작가입니다. 1986년부터 시작된 중국의 공상과학 문학상인 '은하수 문학상Galaxy Award'에서 2006~2008년 3년 연속 수상했으며,[8] 중국 최초의 비트코인 도서6를 저술하기도 했습니다.

두안 신싱Duan XinXing은 바이텀의 공동 설립자로 암호화폐 거래소 오케이코인OKCoin의 부대표를 맡기도 했습니다. 또 환전 서비스 제공업체인 오케이링크OKLink의 설립 및 서비스 개발에도 참여했습니다.

---

6 《비트코인: 진실한 가상의 금융세계(比特币:一个真实而虚幻的金融世界)》

분석

8btc.com은 중국의 유명 코인 커뮤니티로, 우지한과의 밀접한 관련이 있습니다. 우지한은 에이직^{ASIC}을 통한 대량의 해시파워에 대한 통제력을 가지고 있습니다. 따라서 바이텀 코인의 개발이 에이직^{ASIC} 친화적인 방향으로 이루어지는 것은 일리가 있습니다.

8BTC.COM

8btc.com은 중국의 코인 관련 뉴스 및 커뮤니티 웹사이트입니다. 일일 방문자는 10만 명 이상이며, 일간 페이지뷰는 약 5만 건 입니다. 방문자 1명당 5번의 페이지뷰가 발생하고 있습니다. 방문자의 약 80%는 중국에서 발생하고 있으며, 미국과 대만이 각각 5%가량을 나타내고 있습니다.[9]

개발 활성 정보 분석(깃허브)

코딩 및 개발 플랫폼 깃허브의 페이지[10]를 통해 코인이 실제로 개

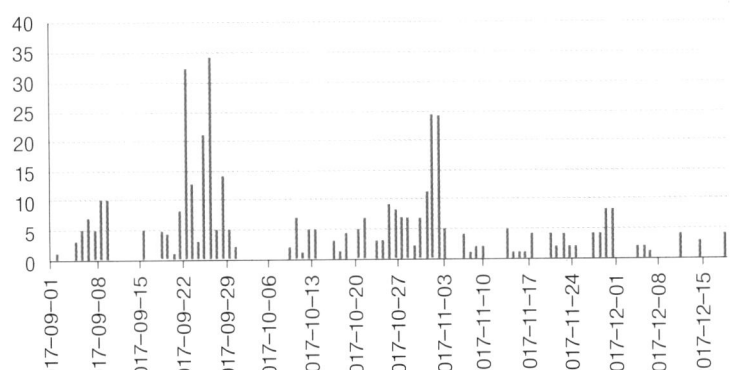

2017년 9월 이후 BTM 커밋 횟수

발되는지, 또 얼마나 적극적으로 개발되고 있는지를 알 수 있습니다.

바이텀 개발 페이지의 총 커밋 수는 557이었습니다. 2017년 9월 이후의 커밋을 정리해보면, 하루 평균 커밋 횟수는 3.78개였으며, 평균적으로 커밋은 1.63일마다 업로드되었습니다. 커밋을 올리는 날의 평균 커밋 수는 6.16을 나타냈습니다.

ICO의 성공과 갑작스러운 정부 규제

ICO 진행 일정

공식 홈페이지에 따르면, ICO 과정은 총 5단계로 이루어졌으며 총 6억 3,000만 개의 바이텀[BTM]이 배분됐습니다. 이를 통해 2017년 6~7월간 총 5,900BTC(2017년 7월 20일[7] 기준, 약 187억 원)의 투자금이 확보되었으며, 이 자금으로 바이텀의 초기 개발을 진행할 예정이었습니다.

구분	시작일	종료일	BTC 환용
얼리버드	2017년 06월 20일	2017년 06월 22일	1BTC=75000BTM
1주차	2017년 06월 22일	2017년 06월 29일	1BTC=71000BTM
2주차	2017년 06월 29일	2017년 07월 06일	1BTC=67000BTM
3주차	2017년 07월 06일	2017년 07월 13일	1BTC=63000BTM
4주차	2017년 07월 13일	2017년 07월 20일	1BTC=59000BTM

ICO 환불 조치

2017년 9월 4일 중국 정부[8]의 가상화폐 ICO 및 거래 전면 중단이라는 강력한 규제 계획이 발표되었습니다. 중국 정부는 '자국 안에서 진

---

7 2017년 7월 20일 매매 기준율 1,126.5원.
8 정확히는 중국의 중앙은행인 PBoC에서 발표했다.

행된 ICO에 대한 모든 투자금을 환불해야 한다'고 발표했고, 바이텀 측은 "규제안을 겸허하게 수용하며, 바이텀의 개발은 차질 없이 진행될 것"이고 "해외 진출을 더욱 확대하겠다"는 의사를 밝혔습니다.

2017년 9월 초 바이텀은 중국 바이낸스^{Binance} 거래소에서 상장 폐지되었으며, 9월 14일에 환불 공지가 발표되었습니다. 곧이어 몇몇 거래소에서도 상장 폐지 조치를 받았습니다.

이외에도 중국 정부의 조치로 인해 중국의 수많은 가상화폐 ICO 플랫폼 운영이 중단되었습니다. 바이텀 ICO가 진행되었던 크라우드 펀딩[9] 전문 업체 비종쵸우$^{bizhongchou.com}$ 홈페이지[11]도 2017년 9월 15일 문을 닫고 말았으며, 2017년 12월까지 복구되지 않았습니다.

분석 ①

성공리에 ICO를 마친 바이텀 입장에서 중국의 ICO 전면 금지 및 환불 조치는 분명 호재가 아니었습니다. 하지만 예상하지 못한 상황에서도 꾸준히 개발을 이어갔고, 온전히 ICO 자본에만 의존하지 않는 모습을 보여주었습니다.

안정적인 자본의 공급은 양질의 코인을 위한 필수 조건이라고 생각합니다. ICO에 투자하기를 원하는 투자자는 국가별 정부 정책, 개발진이 충분한 투자 자금을 확보했는지를 면밀히 관찰한 후에 진행해야 안전한 투자가 가능하다고 생각합니다.

---

9   크라우드 펀딩(Crowd Funding): 기부, 투자 등을 목적으로 웹(Web)이나 모바일(Mobile) 등을 통해 다수의 개인으로부터 자금을 모으는 행위. 코인의 경우 ICO(Initial Coin Offering)이라는 용어로 사용됨.

ICO 투자자의 손익

2017년 9월, 바이텀 측은 ICO를 통해 확보한 모든 토큰에 대한 환불 선택권을 투자자에게 제공했습니다.[12] 당시 바이텀은 이미 거래소에서 거래 중인 상황이었습니다. 따라서 투자자들은 ICO에서 구매한 토큰 가격과 현재의 토큰 가격, 그리고 미래 상승 전망을 각각 고려해 합리적 투자를 해야 했습니다.

차트로 볼 때 'ICO 가격 지지선'보다 BTM의 가격이 높다면 ICO에 참가한 사람들이 이득을 본 것이며, 반대로 그보다 낮다면 ICO에 참가한 사람들이 손실을 본 상황입니다.

크라우드 펀딩이 이루어졌을 때[10]의 BTC 환율(BTM/BTC)은 1BTC =59000BTM으로, 1BTM=0.00001694BTC에 해당합니다. 하지만 9월 4일에는 가격이 0.00002196BTC에서 0.00001408BTC로 하락했고, ICO 때보다 BTC 환율이 낮아졌기 때문에 투자자는 9월 4일 이후부터 손실을 보게 됐습니다. 따라서 9월 4일 이후 ICO 투자금을 환불받는

BTM의 크라우드 펀딩 가격과 가격 변화 비교

---

10 ICO 4주차

것이 단기적으로는 이익이었습니다. 하지만 9월 22일에 바이텀의 가격이 다시 상승하면서 바이텀 토큰을 보유하고 있던 투자자는 이득을 볼 수 있었습니다. 2017년 12월의 BTM/BTC 환율을 기준으로 하면 초기 ICO 가격보다는 약간의 이득을 나타내고 있습니다.

ICO에 대한 바이텀 측의 손익

바이텀 측은 ICO 환불로 큰 타격을 입지는 않았습니다. 그 이유는 거래소에서 이미 거래되고 있었기에, 투자자들이 원하는 시기에 판매해 이익을 볼 수 있는 상황이었고, 앞에서 설명한 바와 같이 굳이 환불을 받을 필요가 없었기 때문입니다.

만약 바이텀 재단에서 ICO로 확보한 코인을 100% 투자자에게 환불했어도 코인의 가격이 ICO 때보다 상승할 것으로 전망되었기 때문에 장기적으로 바이텀 재단은 손실이 없습니다. 당장의 개발은 사모펀드 자금으로 진행하고, 긴급한 자금 수요가 발생할 경우에는 가지고 있는 코인을 매각하는 방식으로 개발 자금을 충분히 마련할 수 있었을 것입니다. 또 ICO 환불을 통해 다시 얻은 바이텀 토큰을 추후에 거래소에 판매하는 방법으로도 개발 및 마케팅 자금을 충분히 확보할 수 있습니다.

분석 ②

결론적으로 바이텀 재단은 중국의 ICO 환불 조치에 큰 영향을 받지 않은 것으로 추정됩니다. 바이텀 코인의 가격이 ICO 때보다 크게 하락하지 않았기 때문에, 프리마이닝된 코인의 비중이 늘어났을 뿐 금전적으로 바이텀 코인 개발진이 큰 타격을 받지는 않았을 것입니다.

BTM 거래소 순위

순위	거래소명	거래쌍	24h 거래량	가격	점유율
1	Gate.io	BTM/USDT	$4,001,280	$0.37	41.95%
2	Huobi	BTM/BTC	$1,923,300	$0.40	20.17%
3	Huobi	BTM/ETH	$1,062,920	$0.39	11.14%
4	Gate.io	BTM/ETH	$858,498	$0.38	9.00%
5	OKEx	BTM/USDT	$622,963	$0.39	6.53%
6	OKEx	BTM/BTC	$434,760	$0.39	4.56%
7	Kucoin	BTM/BTC	$134,588	$0.44	1.41%
8	OKEx	BTM/ETH	$109,811	$0.39	1.15%
9	Bibox	BTM/BTC	$92,543	$0.38	0.97%
10	Bibox	BTM/ETH	$92,151	$0.36	0.97%

* 2017년 12월 26일 기준

거래소

2017년 12월 26일 기준으로 바이텀 거래량의 41.95%는 게이트Gate.io 거래소에서 이루어지고 있습니다. 게이트 거래소의 거래 규모는 하루에 약 5,523BTC를 기록하고 있으며 63개의 코인이 상장되어 있습니다. 바이텀은 이 거래소에 10월 22일에 상장되었고,[13] 힛비티시HitBTC에서도 거래 중이며, 2017년 12월 20일과 12월 21일에는 오케이이엑스OKex와 후오비Huobi에 각각 상장되었습니다. 종합적으로 중국 계열 거래소에서 강세를 보이고 있습니다.

주요 가격 변화

초기의 가격 변동

2017년 6~7월 바이텀의 크라우드 펀딩은 성공적으로 이루어졌습니다. 8월 10일에는 싱가포르에 바이텀 재단이 설립되었고, 바이텀 토큰 가격도 순조롭게 상승하기 시작했습니다.

하지만 토큰의 가격은 8월 14일에 고점을 기록한 이후 지속해서 하락하기 시작했습니다. 이러한 하락에 대해서 세력이 매집을 위해 토큰 가격을 의도적으로 낮춘다는 의견이 커뮤니티를 통해 제시되었습니다.[14] 곧이어 2017년 9월 4일 중국 정부 규제 이후에도 가격은 하락했습니다.

미국 법적 규제 가능성 하락

2017년 10월 말[15]에는 미국 SEC의 하위(Howyee) 테스트[11] 기준에 의거하여 미국의 법무법인[12] 벨톤 제겔먼 PC(Velton Zegelman PC)이 이 바이텀이 증권이 아니라는 의견을 발표했습니다.[16] 이번 검토는 바이텀 측에서 직접 조직 구조, 마케팅, 백서 등을 법무법인 회사로 제출하여 이루어졌습니다.

하위 테스트는 4가지 기준을 가지고 있는데, 현금의 투자, 공동 사업체, 기대 이윤, 이윤의 출처입니다. 벨톤 제겔먼은 바이텀이 이 기준에 부합하지 않는다는 의견을 발표하면서도, 법률적 기준이 변동될 수 있으므로 법적인 자문을 꾸준히 받을 것을 권유했습니다.

블록체인 프로젝트가 '증권'으로 간주될 경우에는 여러 가지 제약 사항이 따르게 됩니다. 하지만 바이텀은 미국에서 진행 중인 공개 블록체인 중에서 최초로 '증권'이 아닌 프로젝트로 간주되었습니다. 따라서 미국 규제에서 상대적으로 자유롭습니다.

---

11 하위 테스트: 미국 증권법의 규제를 받는 증권(Securities)인지 아닌지를 구분하는 심사.
12 법무법인(Law Firm): 다수의 변호사들이 회사 형태로 설립 및 운영하는 법률 전문 사무소.

BTM 가격 변화

하지만 이번 의견은 사법 기관이 아닌 로펌의 의견이며, 단지 미국에서 합법적 활동을 하기 위한 준비 과정이라는 한계가 존재합니다. 실제로 바이텀에 대한 투자 및 프로젝트가 미국에서 진행될 경우에 미국 정부가 규제를 적용할지는 어떨지는 미지수입니다.

한편 하위 테스트의 결과가 발표된 이후 바이텀 토큰의 가격은 꾸준히 상승세를 나타냈습니다.

비트코인갓 에어드롭 발표

2017년 12월 6일 바이텀 보유자에게 비트코인갓 Bitcoin God, GOD 을 에어드롭한다는 소식이 전해졌습니다.[17] 비트코인갓은 비트코인의 포크이며, 비트코인 블록 번호 501,225에서 스냅샷이 진행되어 비트코인과 체인이 분리됩니다. 1BTM에 대한 GOD의 지급 비율은 공식적으로 발표되지 않았으며, '일정 비율 a certain percentage'만큼 배분된다고 발표되었습니다.[18] 이 소식이 전해진 이후 대형 거래소인 오케이이엑스, 후오비 상장 호재가 겹치면서 가격은 지속해서 상승세를 나타냈습니다.

2017년 12월 26일 기준 게이트 거래소에서 거래되고 있는 1바이텀 토큰의 가격은 약 $0.3741(USD)이며, 비트코인 갓의 선물^{Futures}13 1단위 가격은 약 $378.67(USD)를 나타내고 있습니다. 한 트위터 사용자는 987BTM당 1GOD가 지급될 것이라고 예상했습니다.[19] 12월 26일 기준 비트코인 블록은 501,041로 아직 비트코인갓의 스냅샷이 진행되지 않았으며, 아직까지 BTM 투자자가 GOD를 지급받지는 못했습니다.

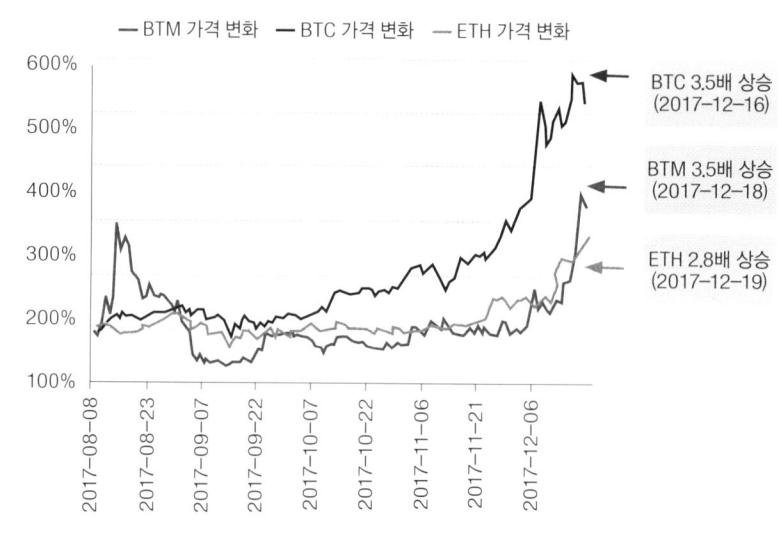

바이텀, 비트코인, 이더리움 가격 변화율 비교

13 선물 거래: 아직 출시되지 않은 코인을 미리 평가하여 거래하는 것. BT1, BT2, 비트코인골드 등은 정식 메인넷이 론칭되기 이전부터 선물 거래가 이루어진다.

분석

2017년 8월 8일 바이텀 거래가 시작된 이후 가격(BTM/USD)은 3.5배 상승했으며, 이더리움(ETH/USD)은 2.8배, 비트코인(BTC/USD)은 5.7배 만큼 가격이 상승했습니다. 바이텀은 이더리움이나 비트코인과는 다른 양상으로 변동하는 모습을 나타냈습니다. 오히려 중국 계열인 네오NEO 코인과 유사성을 나타냈습니다.

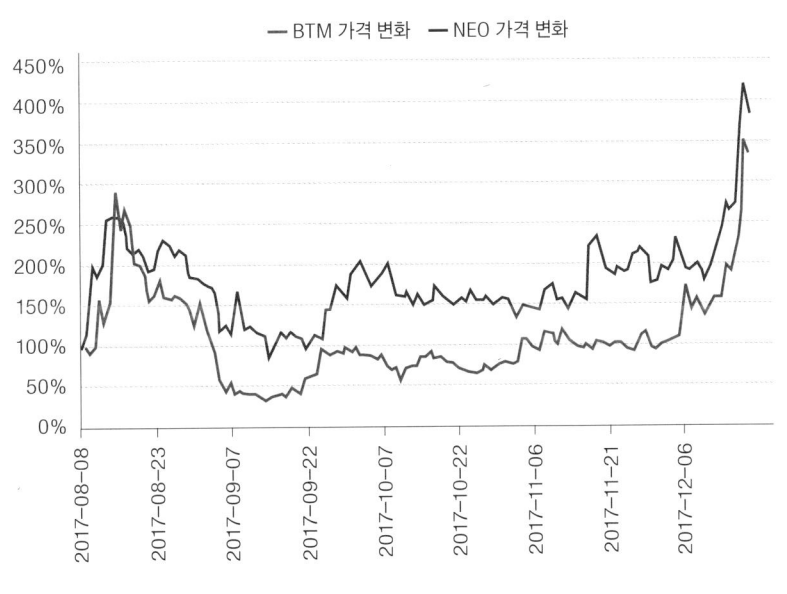

바이텀, 네오 코인의 가격 변화율 비교

코인 발행

프리마이닝 비중 30~60%

바이텀의 총 코인 발행 예정량은 21억 개 입니다. 그중 ICO에서 분배한 코인은 30%인 6.3억 개였습니다. 바이텀 재단의 몫과 사업 개발을 합하면 계획된 프리마이닝은 총 코인의 30%였습니다. 여기에 환불된 ICO 금액을 합하면 최대 60% 이하의 코인이 프리마이닝된 것으로 볼 수 있습니다.

BTM 토큰 분배 방법	비율
채굴용	33%
ICO 분배	30%
바이텀 재단 배정	20%
사업 개발	10%
사모펀드 투자자	7%

채굴

바이텀은 채굴 코인으로 계획되었지만, 아직까지 개발이 완료되지 않았기 때문에 채굴은 불가능합니다. 또 에이직ASIC에 친화적인 코인으로 계획되었기 때문에 GPU 채굴기보다 에이직으로 채굴하는 것이 훨씬 유리할 것으로 예상되며, 총 공급량 21억 개 중 채굴에 할당된 비중은 33%인 6.93억 개입니다. 바이텀 블록체인의 채굴 보상은 4년마다 절반으로 감소하게 됩니다. 비트코인 및 라이트코인의 반감기도 4년으로 동일합니다.

최초 4년 동안 매년 8,662만 5,000개의 BTM이 발행될 예정입니다. 5년째에는 1년 채굴량이 4,331만 2,500개의 BTM이 채굴될 예정입니다. 또 채굴된 BTM의 1%는 인공지능을 연구하는 단체에 기부될 예정입니다.

구글 트렌드 변화

검색어 '바이텀 코인Bytom Coin'에 대한 구글 관심도의 고점을 연결하면 가격 변동 그래프와 흐름이 유사함을 알 수 있습니다. 2017년 8월 14일의 고점 부분에서 $0.32845(USD)의 가격을 나타낼 때 최고의 관심도를 나타냈으며, 2017년 12월 말에도 높은 관심도를 나타냈습니다. 지역적으로는 네덜란드, 한국, 싱가포르의 관심도가 높았습니다.

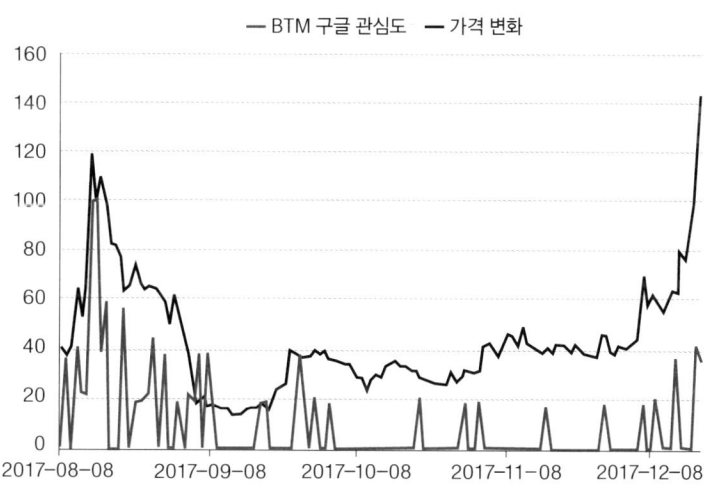

BTM 가격과 구글 관심도: 2017년 8월 8일~12월 19일

* 2017년 10월 24일의 가격을 100%로 함

BTM 가격과 구글 관심도: 2017년 8월 8~22일

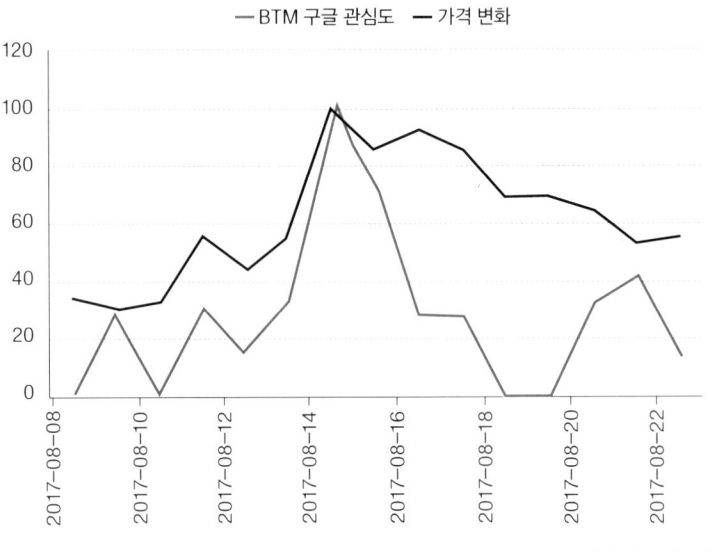

* 2017년 8월 14일의 가격을 100%로 함

BTM 가격과 구글 관심도: 2017년 12월 9~18일

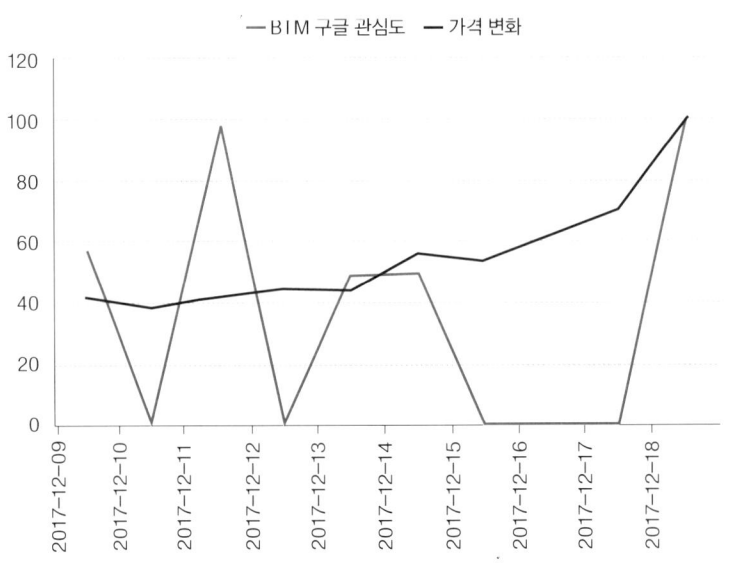

* 2017년 2월 18일의 가격을 100%로 함

BTM 지역별 관심도

순위	국가	관심도
1	네덜란드	100
2	대한민국	91
3	싱가포르	75
4	오스트레일리아	59
5	미국	22

* 색이 진할수록 관심도가 높음

미주

01 비트코인캐시

[1] https://bitcointalk.org/index.php?topic=2040221.0
[2] https://www.cryptocoinsnews.com/bitmain-clarifies-bitcoin-cash-fork-position/
[3] http://www.shanghairanking.com/Chinese_Universities_Rankings/Overall-Ranking-2017.html
[4] https://www.timeshighereducation.com/world-university-rankings/peking-university
[5] http://website.informer.com/8btc.com
[6] https://bitcoinmagazine.com/articles/future-bitcoin-cash-interview-bitcoin-abc-lead-developer-amaury-s%C3%A9chet/
[7] http://www.trustnodes.com/2017/10/01/bitmain-now-accepts-bitcoin-cash-latest-mining-hardware
[8] https://blockchain.info/pools
[9] https://support.bittrex.com/hc/en-us/articles/115000808991-Statement-on-Bitcoin-Cash-BCC-
[10] https://www.bitfinex.com/posts/212
[11] https://poloniex.com/press-releases/2017.08.03-Bitcoin-Cash-Update/
[12] http://bithumb.cafe/archives/9892
[13] https://coinone.co.kr/talk/notice/187/?page=1
[14] http://korbitblog.tumblr.com/post/163440038518/%EC%95%88%EB%82%B4-bitcoin-cash-bcc-user-activated-hard-fork
[15] https://techcrunch.com/2017/08/02/wtf-is-bitcoin-cash-and-is-it-worth-anything/
[16] https://www.coindesk.com/700-rising-whats-driving-price-bitcoin-cash/
[17] https://www.cryptocoinsnews.com/first-8mb-bitcoin-cash-block-just-mined/
[18] https://www.cnbc.com/2017/08/18/bitcoin-cash-surges-as-investors-bet-on-its-faster-processing-speeds.html
[19] http://biz.chosun.com/site/data/html_dir/2017/11/22/2017112200484.html
[20] https://bitcointalk.org/index.php?topic=2040221.0
[21] https://medium.com/@jimmysong/just-how-profitable-is-bitmain-a9df82c761a
[22] https://www.investopedia.com/news/who-jihan-wu-and-does-he-basically-control-bitcoin-today/
[23] https://cointelegraph.com/news/jihan-wu-of-bitmain-confident-that-bitcoin-will-be-valued-100000-in-5-years
[24] https://support.bitmain.com/hc/en-us/articles/221913127-What-do-PPS-and-PPLNS-mean-Which-one-gains-more-
[25] https://en.bitcoin.it/wiki/Comparison_of_mining_pools
[26] http://fortune.com/2017/08/25/bitcoin-mining/
[27] https://www.cryptopic.com/topics/bitcoin-cash-mining-difficulty-fluctuations-manipulation-or-sound-economics?ref=ddengle)
[28] https://www.ddengle.com/miningbitcoin_voted/3395936

[29] https://bitcoin.stackexchange.com/questions/61530/why-bitcoin-cash-supply-is-currently-100k-more-than-bitcoin-on-coinmarketcap-as
[30] https://www.bitcoinabc.org/november
[31] https://www.reddit.com/r/btc/comments/7ej6qo/lets_take_a_moment_to_thank_udeadalnix_for_nov/
[32] http://whattomine.com/asic
[33] https://www.coindesk.com/bitcoin-cash-wins-mining-power-price-falls-back-600/
[34] https://twitter.com/satoshilite/status/911100958448295936
[35] https://www.coindesk.com/bitcoin-cash-closes-profitability-parity-original-blockchain/
[36] https://bitmakler.net/mining_1Credit-1CR__pools
[37] https://www.coinwarz.com/network-hashrate-charts/bitcoincash-network-hashrate-chart
[38] https://www.coinwarz.com/network-hashrate-charts/bitcoin-network-hashrate-chart

02 비트코인골드

[1] https://bitcointalk.org/index.php?topic=12.msg54#msg54
[2] https://en.bitcoin.it/wiki/Category:History
[3] https://bitcointalk.org/?topic=1334.0
[4] https://www.youtube.com/watch?v=YYSSnqpchaw
[5] https://www.bitmain.com/about
[6] https://en.bitcoin.it/wiki/Mining_hardware_comparison
[7] https://github.com/h4x3rotab
[8] https://github.com/StarbuckBG
[9] https://twitter.com/bitfinex/status/922589846081740801
[10] https://twitter.com/YobitExchange/status/922460169812021249
[11] https://cointelegraph.com/press-releases/hitbtc-supports-bitcoin-gold-fork-and-opens-futures-trading
[12] http://bithumb.cafe/archives/15000
[13] https://bitcoingold.org/premine-endowment/
[14] https://btcgpu.org/wp-content/uploads/2017/10/BitcoinGold-Roadmap.pdf
[15] https://news.bitcoin.com/bitcoin-gold-developer-under-scrutiny-for-allegedly-hiding-mining-code/
[16] http://whattomine.com

03 라이트코인

[1] http://fortune.com/2017/12/12/litecoin-bitcoin-price-2018/
[2] https://bitcointalk.org/index.php?topic=47417.0
[3] https://twitter.com/SatoshiLite/status/930893006508474368
[4] Coinmarketcap.com
[5] https://www.cryptocoinsnews.com/103465-2/

[6] https://github.com/litecoin-project/litecoin
[7] https://www.thebalance.com/whats-the-deal-with-coinbase-and-gdax-4063868
[8] https://twitter.com/maxkeiser/statuses/405083488291803136
[9] https://www.coindesk.com/litecoin-price-surges/
[10] https://cointelegraph.com/news/chinese-pump-n-dump-suspected-as-litecoin-passes-bitcoin-in-trading-volume
[11] https://www.coindesk.com/litecoin-successfully-activates-long-debated-segwit-upgrade/
[12] https://www.blockstream.com/2017/05/11/lightning-on-litecoin.html
[13] https://cointelegraph.com/explained/lightning-network-explained
[14] https://www.cryptocoinsnews.com/litecoin-surges-to-new-record-high/
[15] https://cryptovest.com/news/litecoin-news-charlie-lee-says-cryptos-threaten-us-dollar-litecoin-surges-towards-200/
[16] https://cointelegraph.com/news/litecoin-founder-not-worried-about-bitcoin-cash-moving-into-altcoin-scene-cnbc
[17] https://www.forbes.com/sites/jessedamiani/2017/12/13/5-reasons-why-the-litecoin-price-is-going-up-so-fast-will-the-ltc-surge-continue/#2e07b9a6230e
[18] https://litecoin-foundation.org/2017/11/unaudited-financial-statements-2017-10/
[19] https://litecoin-foundation.org/2017/06/litecoin-team-finally-got-a-full-time-developer/
[20] https://bitcoincore.org/en/team/
[21] https://www.dashforcenews.com/dash-hires-six-new-full-time-evolution-developers-in-2017-sprint/
[22] whattomine.com
[23] https://www.litecoinpool.org/pools

04 대시

[1] https://cointelegraph.com/news/digital-currency-dash-surges-past-1000-barrier-to-new-high-of-1250
[2] https://coinsutra.com/dash-cryptocurrency/
[3] https://dashpay.atlassian.net/wiki/spaces/DOC/pages/1146924/PrivateSend
[4] https://dashpay.atlassian.net/wiki/spaces/DOC/pages/1867849/Setting+default+PrivateSend+options, https://dashpay.atlassian.net/wiki/spaces/DOC/pages/1867849/Setting+default+PrivateSend+options
[5] https://dashpay.atlassian.net/wiki/spaces/DOC/pages/27885570/Masternode+Requirements
[6] https://masternode.me/
[7] https://dashpay.atlassian.net/wiki/spaces/DOC/pages/8585246/Governance+and+Budget+System
[8] http://bitcoinist.com/dash-doubles-block-size-in-less-than-24-hours/
[9] https://dashvotetracker.com/
[10] https://dashpay.atlassian.net/wiki/spaces/DOC/pages/1146924/PrivateSend, https://

[11] https://www.reddit.com/r/dashpay/comments/42nqoa/how_many_tps_can_dash_handle_right_now_is_there_a/
[12] https://www.visa.com/blogarchives/us/2013/03/05/a-look-inside-the-visa-network-center-powering-the-global-economy/index.html
[13] https://www.bitsonline.com/dash-duffield-scaling-future/
[14] https://capital.com/top-5-questions-you-have-always-wanted-to-ask-about-ripple
[15] https://cointelegraph.com/news/scalability-privacy-and-governance-main-problems-for-dapps-says-qtum-co-founder
[16] https://www.dashforcenews.com/dash-evolution-masternodes/, https://bravenewcoin.com/news/dash-price-analysis-marketing-budget-supports-technical-upside-potential/
[17] https://www.dash.org/get-dash/
[18] https://github.com/dashpay/dash-roadmap
[19] https://github.com/dashpay/dash/
[20] https://github.com/input-output-hk/cardano-sl
[21] https://www.linkedin.com/in/evan-duffield-98645515/
[22] https://www.financemagnates.com/cryptocurrency/news/ryan-taylor-takes-dash-ceo-founder-evan-duffield/
[23] https://www.linkedin.com/in/ryan-taylor-764b3b/
[24] http://www.ibtimes.co.uk/cryptocurrency-round-darkcoin-rises-south-africas-madibacoin-bitcoin-2014-begins-1448694
[25] http://www.ibtimes.co.uk/cryptocurrency-round-darkcoin-rise-continues-dogecoin-saved-my-life-bitcoin-explainer-videos-1449103
[26] https://www.forbes.com/forbes/welcome/?toURL=https://www.forbes.com/sites/kashmirhill/2013/10/04/fbi-silk-road-bitcoin-seizure/&refURL=https://en.wikipedia.org/&referrer=https://en.wikipedia.org/
[27] https://www.theguardian.com/technology/2014/dec/22/bitcoin-entrepreneur-sentenced-jail
[28] https://www.thefix.com/content/darkcoin-now-cryptocurrency-choice-online-drug-deals
[29] http://www.ibtimes.co.uk/darkcoin-rebrand-dash-better-represent-cryptocurrencys-digital-cash-platform-1492299
[30] https://cointelegraph.com/news/darkcoin-is-now-dash-and-not-a-moment-too-soon
[31] https://cointelegraph.com/news/dash-to-become-the-first-alternative-to-bitcoin-offered-by-the-lamassu-atm-project
[32] http://allcoinsnews.com/2016/04/06/asic-miners-coming-to-dash-coin/
[33] https://coinreport.net/dash-partners-with-coinfirm/
[34] https://cointelegraph.com/news/dash-passes-litecoin-and-monero-to-claim-number-4-cryptocurrency-status
[35] https://www.coindesk.com/the-45-dollar-question-dash-whats-going-on/
[36] https://cointelegraph.com/explained/dash-price-rise-explained

[37] https://cointelegraph.com/news/charlie-shrem-partners-with-dash-dao-to-produce-dash-branded-debit-card
https://www.dashforcenews.com/debit-card-proposal-reviews/
https://dashpay.atlassian.net/wiki/spaces/DOC/pages/79986692/Debit+Cards
[38] https://themerkle.com/what-is-the-antminer-d3/
[39] http://1stminingrig.com/the-end-of-dash-antminer-d3-overview/
[40] https://dashpay.atlassian.net/wiki/spaces/DOC/pages/56655894/Masternode+vs.+Mining
[41] https://www.reddit.com/r/dashpay/comments/650hoy/please_explain_the_block_reward/
[42] https://www.coinwarz.com/cryptocurrency/coins/dash
[43] https://dashpay.atlassian.net/wiki/spaces/DOC/pages/33325084/Specifications

05 에이다

[1] https://help.cardanohub.org/why-cardano/science-and-engineering/why-haskell
[2] https://www.cardanohub.org/en/ouroboros/
[3] https://www.cardanohub.org/en/genesis-block-distribution/
[4] https://www.cardanohub.org/en/audit-report-summary/
[5] https://www.cardanohub.org/en/genesis-block-distribution/
[6] https://www.linkedin.com/in/duncancoutts/
[7] https://www.linkedin.com/in/dr-lars-br%C3%BCnjes-1640993b/
[8] https://www.linkedin.com/in/dr-philipp-kant-4972b1a3/
[9] https://github.com/input-output-hk/cardano-sl
[10] https://twitter.com/CardanoStiftung/status/914582117132140544
[11] https://twitter.com/CardanoStiftung/status/935588592302395393
[12] https://twitter.com/InputOutputHK/status/918282949686169605
[13] https://twitter.com/CardanoStiftung/status/922463094772846593
[14] https://bitcoinmagazine.com/articles/goodbye-bugs-how-formal-verification-could-fortify-smart-contracts/
[15] https://twitter.com/InputOutputHK/status/936185744103788545
[16] https://cardanodocs.com/cardano/monetary-policy/
[17] http://www.forexnewsnow.com/forex-analysis/cryptocurrency/cardano-ada-cardano-predictions-forecasts-2018/
[18] https://coinmarketcap.com/currencies/cardano/
[19] https://www.reddit.com/r/nem/comments/6augec/returns_on_harvesting_xem/
[20] https://blog.nem.io/how-or-where-to-do-i-get-xem/
[21] https://neotogas.com/
[22] http://earnlisk.com/
[23] https://qtumexplorer.io/qtum-staking-calculator
[24] https://forum.qtum.org/topic/21/first-qtum-staking-post/9
[25] https://ark-guide.readme.io/v1.0/docs/profit-calculator

06 골렘

[1] https://golem.network/alpha.html
[2] https://www.forbes.com/sites/rogeraitken/2016/11/12/fintech-golems-airbnb-for-computing-crowdsale-scores-8-6m-in-minutes/#3cba90973583
[3] https://impactcee.com/2016/11/17/golem-uber-computers-raised-8-6-million-just-half-hour/
[4] https://www.forbes.com/sites/rogeraitken/2016/11/12/fintech-golems-airbnb-for-computing-crowdsale-scores-8-6m-in-minutes/#3cba90973583
[5] https://github.com/golemfactory/golem
[6] https://github.com/input-output-hk/cardano-sl
[7] https://www.cardanohub.org/en/genesis-block-distribution/
[8] https://blog.golemproject.net/gnt-crowdfunding-contract-in-pictures-d6b5a2e69150
[9] https://bitcoinmagazine.com/articles/welcome-age-icos/
[10] https://blog.golemproject.net/golem-crowdfunding-starts-november-11-e5185a0ca001
[11] https://impactcee.com/2016/11/17/golem-uber-computers-raised-8-6-million-just-half-hour/
[12] https://www.linkedin.com/in/julian-zawistowski-352478/
[13] http://imapp.pl
[14] https://www.pcauthority.com.au/feature/futures-what-is-golem--456154
[15] https://www.linkedin.com/in/viggith/
[16] https://blog.golemproject.net/golem-and-streamr-announce-cooperation-27b6c58decad
[17] https://friendup.cloud/friend-software-corporation-golem-project-partner/
[18] https://golem.network/doc/Golemwhitepaper.pdf
[19] https://blog.golemproject.net/when-will-brass-golem-arrive-what-and-when-or-dos-and-don-ts-76218389107f
[20] https://blog.golemproject.net/brass-golem-alpha2-0-10-0-d397ea605f00
[21] 골렘: https://www.reddit.com/r/ethereum/comments/6wx2pq/introducing_the_render_token/dmkszv1/
렌더토큰: https://www.forbes.com/sites/moorinsights/2017/09/15/render-token-the-future-currency-of-the-metaverse/#61138d59201e
https://medium.com/@rendertoken/rndr-phase-i-development-begins-now-9945cb5a6063
http://www.nasdaq.com/article/otoy-plans-to-raise-134-million-via-token-sale-for-blockchain-powered-cloud-rendering-exclusive-cm841783
솜: https://blog.sonm.io/were-happy-to-announce-that-sonm-has-reached-Ico-goal-by-raising-42m-e92ffdc32cf
http://www.newsbtc.com/2017/06/20/sonm-ico-successful-four-days/
https://icodrops.com/sonm/
https://twitter.com/sonmdevelopment
스파크: https://etherscan.io/txs?a=0x013FBAED9c80CC4422FF50D71F4Dc622bC7c8AE2&p=5

아이엑스: https://cointelegraph.com/news/iexec-closes-worlds-5th-largest-ico-with-12-mln-in-6-hourshttps://cointelegraph.com/news/ico-report-iexec

스톰제이 : https://bitcointalk.org/index.php?topic=555159.0

시아코인 : https://bitcointalk.org/index.php?topic=1060294.0

버스트: 버스트는 클라우드 저장소를 제공하는 코인은 아니며, 단지 채굴만 저장소로 이루어진다. https://bitcointalk.org/index.php?topic=731923.0

파일코인: https://bitcointalk.org/index.php?topic=506345.0

[22] https://twitter.com/Liqui_Exchange/status/797902143386587136
[23] https://twitter.com/Poloniex/status/832791827409489920
[24] https://twitter.com/ShapeShift_io/status/844330398163390469
[25] https://twitter.com/richiela/status/854086157478486016 [Bittrex.com 개발자인 Richie 의 트위터]
[26] https://cointelegraph.com/news/golem-rises-almost-100-percent-overnight-now-number-11-on-coinmarketcap
[27] https://cointelegraph.com/news/golem-is-10th-most-valuable-crypto
[28] https://www.reddit.com/r/GolemProject/comments/6i79wr/big_announcement_coming_soon_golem_is_a_platform/
[29] https://cointelegraph.com/news/golem-is-10th-most-valuable-crypto
[30] https://twitter.com/golemproject/status/905334102949335040

07 아인슈타이늄

[1] https://github.com/emc2foundation/einsteinium
[2] https://www.emc2.foundation/news/2017/10/22/9xzfg8rynoifj87kp6ym9hnxth1vmp
[3] https://twitter.com/einsteiniumcoin/status/937817938450513920
[4] https://twitter.com/einsteiniumcoin/status/936182110515326981
[5] https://www.accesswire.com/viewarticle.aspx?id=415417
[6] https://www.indiegogo.com/projects/science-study-memory-loss-dueto-sleep-deprivation#/
[7] https://www.emc2.foundation/foundation-wallet
[8] https://themerkle.com/whats-going-on-with-einsteinium/
[9] https://bitcointalk.org/index.php?topic=494708.7700
[10] https://bitcointalk.org/index.php?topic=494708.7800

08 바이텀

[1] https://bitcointalk.org/index.php?topic=1975390.0
[2] https://bitcointalk.org/index.php?topic=1975390.0
[3] http://www.sca.gov.cn/sca/xwdt/2010-12/17/content_1002389.shtml
[4] http://news.8btc.com/hangzhous-first-public-chain-bytom-releases-the-alpha-testnet-bigbang
[5] http://news.8btc.com/bytom-foundation-founded-in-singapore
[6] https://bytom.io/#recruit

[7] https://www.lendacademy.com/wu-jihan-blockchain-split/
[8] http://www.sf-encyclopedia.com/entry/yinhe_award
[9] http://8btc.com.hypestat.com/
[10] https://github.com/bytom
[11] https://bizhongchou.com/
[12] https://cointelegraph.com/news/chinas-cryptocurrency-market-after-ico-ban-kiss-the-rod-or-die
[13] https://twitter.com/gate_io/status/922019782781571072
[14] https://www.reddit.com/r/BytomBlockchain/comments/6whsz0/price/
[15] https://cointelegraph.com/press-releases/bytom-passed-the-sec-howey-test-becomes-the-first-non-securities-public-blockchain-project-in-the-usa
[16] https://cointelegraph.com/press-releases/bytom-passed-the-sec-howey-test-becomes-the-first-non-securities-public-blockchain-project-in-the-usa
[17] https://cointelegraph.com/press-releases/bytom-passed-the-sec-howey-test-becomes-the-first-non-securities-public-blockchain-project-in-the-usa
[18] https://medium.com/@Bytom_Official/chandler-guo-%E5%AE%9D%E4%BA%8C%E7%88%B7-to-fork-bytom-btm-holders-will-be-entitled-to-receive-bitcoin-god-candy-364740c2e6bb
[19] https://twitter.com/1life2live_SHIN/status/939140185056468994

프리미엄 가상화폐 분석 보고서 ①
한발 앞선 투자를 위한
가상화폐 투자전략 리포트
비트코인캐시 비트코인골드 라이트코인
대시 에이다 골렘 아인슈타이늄 바이텀

1판 1쇄 인쇄 | 2018년 2월 12일
1판 1쇄 발행 | 2018년 2월 20일

지은이 비트데이즈 고신용, 손동권
펴낸이 김기옥

경제경영팀장 모민원 편집 변호이, 김광현
커뮤니케이션 플래너 박진모
경영지원 고광현, 임민진
제작 김형식

디자인 제이알컴
인쇄·제본 민언프린텍

펴낸곳 한스미디어(한즈미디어(주))
주소 121-839 서울특별시 마포구 양화로 11길 13(서교동, 강원빌딩 5층)
전화 02-707-0337 | 팩스 02-707-0198 | 홈페이지 www.hansmedia.com
출판신고번호 제 313-2003-227호 | 신고일자 2003년 6월 25일

ISBN 979-11-6007-228-0 14320
ISBN 979-11-6007-227-3 (세트)

책값은 뒤표지에 있습니다.
잘못 만들어진 책은 구입하신 서점에서 교환해 드립니다.